AF315768

LA RENAISSANCE TCHÈQUE

AU DIX-NEUVIÈME SIÈCLE

RÉCENTS OUVRAGES DE M. LEGER

RELATIFS AUX PEUPLES SLAVES

Histoire de l'Autriche-Hongrie, 1 volume, 5ᵉ éd. (librairie Hachette).

Russe et Slaves, 2 volumes (Hachette).

Le Monde Slave, 2 volumes (Hachette).

Souvenirs d'un Slavophile, 1 volume (Hachette).

La Mythologie Slave (librairie Leroux).

Moscou (librairie Laurens).

Prague (librairie Laurens).

La Race slave traduit du tchèque de NIEDERLÉ (librairie F. Alcan).

LA
RENAISSANCE TCHÈQUE
AU DIX-NEUVIÈME SIÈCLE

PAR

LOUIS LEGER

de l'Institut,

Professeur au Collège de France.

———

PARIS

LIBRAIRIE FÉLIX ALCAN

MAISONS FÉLIX ALCAN ET GUILLAUMIN RÉUNIES

108, BOULEVARD SAINT-GERMAIN, 108

—

1911

Tous droits de traduction et de reproduction réservés.

A M. LE DOCTEUR *JEAN PODLIPNY*,
PRÉSIDENT DU CONSEIL NATIONAL TCHÈQUE

Cher Monsieur,

En vous dédiant ce livre je le dédie au Conseil national qui représente les intérêts généraux du peuple tchèque vis-à-vis de l'État austro-hongrois et vis-à-vis de l'étranger.

Il y aura bientôt un demi-siècle que j'ai commencé à travailler et à lutter pour votre nation. Dans ces temps lointains, elle était tellement ignorée chez nous que je n'ai pas osé faire figurer son nom sur le titre de mon premier livre. J'ai dit les Slaves de Bohême. Si j'avais dit les Tchèques on ne m'aurait pas compris.

Depuis nous avons fait quelques progrès, mais certains de vos compatriotes se trompent s'ils s'imaginent qu'il n'y a plus de préjugés à combattre et d'ignorants à éclairer.

Permettez-moi de vous raconter un épisode assez significatif.

Il y a cinq ans j'ai fait une campagne énergique en faveur du maintien de notre Consulat de Prague dont l'utilité était contestée et l'existence menacée.

Certains politiciens égarés par des menées ténébreuses méditaient de le supprimer au lendemain même des fêtes que nous avions célébrées à Crécy en l'honneur du roi de Bohême, mort pour la France, fêtes où les gouvernements de France et de Luxembourg, où les villes de Paris et de Prague avaient fraternisé sur le champ de bataille en l'honneur de votre héros.

Pour faire avorter cette basse intrigue, j'ai lutté, comme je le fais toujours, par la plume et par la parole. J'ai adressé à nos hommes d'État un mémoire que vous trouverez dans ce volume et donné quelques conférences. J'ai expliqué les conditions ethniques et historiques de votre nation, exhibé des cartes, fait passer sous les yeux du public des vues de votre capitale et de votre pays.

En sortant d'une de ces séances, j'entendis un de mes auditeurs qui disait à son voisin :

« Et maintenant, si je ne sais pas ce que c'est que la Hongrie, ce ne sera pas la faute de M. Leger. »

Comme vous le voyez, le moment n'est pas encore venu de désarmer.

Je serai heureux si ce petit volume où j'ai mis beaucoup de mon cœur peut contribuer à éclairer mes compatriotes et à resserrer les liens d'estime et d'amitié entre nos deux nations.

Au revoir à Prague où je ne désespère pas, si Dieu me prête vie et santé, d'aller célébrer en 1914, le cinquantième anniversaire de ma première visite.

Toujours bien cordialement à vous et à vos compatriotes.

LOUIS LÉGER.

Paris, 11 avril 1911.

LES INTÉRÊTS FRANÇAIS EN BOHÊME

Lettre à un député (1).

MON CHER DÉPUTÉ,

J'ai visité pour la première fois la Bohême en 1864, à l'époque où ce pays était vraiment pour nos compatriotes une *terra incognita*; j'y suis retourné six fois depuis; j'ai l'honneur d'être membre de l'Académie tchèque et de la Société des Sciences de Prague. Je suis un des rares Français auxquels la langue tchèque est familière. Depuis plus de quarante ans je travaille à faire mieux connaître la France à la Bohême et la Bohême à la France et je crois y avoir quelque peu réussi.

Membre du Conseil de l'Alliance pour la propagation de la langue française, j'ai, il y a une vingtaine d'années, réussi à créer à Prague un comité prospère

(1) Cette lettre a été écrite en 1906, au moment où, par suite d'une intrigue aujourd'hui sans intérêt, il avait été question — sous prétexte d'économie — de supprimer notre Consulat de Prague.

qui a des ramifications dans certaines villes du royaume et qui a fait faire de grands progrès à l'étude de notre langue. Récemment encore, j'étais à la tête du Comité qui, réparant un peu tard peut-être un fâcheux oubli, élevait sur le champ de bataille de Crécy — avec le concours de la Bohême et du Luxembourg — un monument à la mémoire du seul roi qui soit mort pour la France.

A tous ces titres j'ai peut-être le droit — j'ai, à coup sûr, le devoir d'élever la voix au moment où il est question d'amener le pavillon de la France, arboré depuis quelques années, dans cette ville de Prague que je connais si bien, en supprimant le Consulat de la République française qui représente là-bas nos plus chers intérêts (1).

J'ai raconté, à diverses reprises, tout ce que les Tchèques ont eu à souffrir des convoitises germaniques, j'ai expliqué comment, en s'émancipant de l'étreinte des Allemands, ils avaient — sans y songer — servi les intérêts de la France (2). Ils sont, dans l'État austro-hongrois, les représentants les plus énergiques de la politique fédéraliste. Si cette politique triomphait, si le suffrage universel établi donnait aux Slaves d'Autriche la majorité que leur refuse le sys-

(1) Les États représentés à Prague par des consulats sont : la France, l'Allemagne, les États-Unis et la Suisse.

(2) *L'État autrichien* (1866); *La Bohême historique, pittoresque et littéraire* (1867); *Histoire de l'Autriche-Hongrie* (4ᵉ édition 1898); *Le monde slave*; *Études slaves. Russes et Slaves* (*passim*). Voir aussi les importants travaux historiques de M. Ernest Denis.

tème actuel de représentation, l'Autriche se détache-
rait certainement de la triple alliance et se rapproche-
rait de la France et de la Russie.

A partir du jour où les Tchèques ont voulu s'émanciper des Allemands, ils ont dû nécessairement tour-
ner leurs regards vers la France.

En 1869, le chef politique de la nation, Ladislas
Rieger, était reçu en audience secrète par Napoléon III
sur l'initiative de Victor Duruy, et lui soumettait un
memorandum où il lui expliquait quel était pour la
France l'intérêt de l'évolution fédéraliste en Autriche
et comment une Autriche, équitable pour ses diverses
nationalités, était le contre-poids nécessaire des ambitions teutoniques. Peu de temps après, Saint-René
Taillandier écrivait dans la *Revue des Deux-Mondes*
(1er août 1869) un article intitulé *La question tchèque
et l'intérêt français* (1).

La guerre de 1870 donna un nouvel élan aux sympathies des Tchèques pour notre pays. A Paris, les
représentants de leur colonie combattaient dans les
rangs de nos francs-tireurs et de nos mobilisés. A
Prague, à la diète de Bohême, les députés tchèques
protestèrent contre le bombardement de Paris et le
démembrement de la France. Nos soldats évadés des
prisons d'Allemagne se virent accueillis en Bohême
avec une sympathie dont ils étaient aussi surpris que
touchés (2). Je parle ici en témoin oculaire. J'ai résidé

(1) Voir plus loin l'étude sur Rieger.
(2) Voir mes *Souvenirs d'un Slavophile*, pp. 70 et suivantes (Paris, Hachette, 1905).

à Prague du 1er avril au 20 décembre 1871. La capitale du royaume de Bohême n'avait point alors de consulat français. J'ai fait de mon mieux pour suppléer à cette lacune et les larmes me montent aux yeux quand je me rappelle les soins affectueux dont nos pauvres soldats étaient entourés.

Depuis cette époque, Prague a sans cesse tendu à se rapprocher de Paris ; les artistes tchèques, qui naguère ne dépassaient pas Munich ou Dusseldorff, sont maintenant les clients de nos ateliers et de nos expositions. Iaroslav Czermak a été fait chevalier de la Légion d'honneur ; Brozik, officier de la Légion d'honneur et membre associé de l'Académie des Beaux-Arts ; c'est un Tchèque, Mucha, qui dessine et qui enlumine les affiches de Mme Sarah Bernhardt.

Dans les rapports internationaux les Tchèques s'efforcent de remplacer l'allemand par le français. Dans les relations commerciales ils désirent, autant que le permettent les conditions économiques, remplacer les produits allemands, par les produits français. Malheureusement nos négociants n'envoient pas souvent leurs voyageurs jusqu'en Bohême. Un grand marchand de quincaillerie de Prague me disait un jour : « Je voudrais bien acheter les produits de la maison X... (Il me citait le nom d'un de nos grands industriels franc-comtois), mais il n'est représenté que par un commis-voyageur allemand qui naturellement fait surtout de la réclame pour les produits de ses compatriotes. »

Je parlais tout à l'heure du Comité de l'Alliance

pour la propagation de la langue française à Prague. Ce Comité a rendu les plus grands services. Il y a quelques années, sur la proposition du Comité de Paris, le gouvernement français les a reconnus en nommant le président pragois, feu M. Pinkas, chevalier de la Légion d'honneur.

Dans ces dernières années les relations les plus cordiales se sont établies entre les municipalités de Prague et de Paris. En 1902, la ville de Prague s'est fait représenter au centenaire de Victor Hugo. Plus récemment, les deux capitales se retrouvaient à l'inauguration du monument commémoratif de la bataille de Crécy, à laquelle elles avaient également contribué. Les conseillers municipaux de la ville de Paris, dans une visite récente, ont trouvé à Prague la plus cordiale, la plus fraternelle hospitalité. Cette visite a donné lieu à des démonstrations enthousiastes, non seulement à Prague, mais dans toutes les localités que la délégation française a traversées.

La sympathie témoignée par la Bohême à la France va croissant de jour en jour. Les Tchèques, très patriotes, ne sympathisent pas, évidemment, avec nos anarchistes ou nos antimilitaristes. Ils sympathisent avec ceux qui veulent une France forte et capable de jouer un rôle en Europe. Gambetta qui était doué d'un grand flair politique s'était bien rendu compte de leurs aspirations. Son journal, la *République française*, fut le premier en France qui eut à Prague un correspondant régulier, et ce correspondant fut précisément le premier organisateur de l'Alliance française à Prague, et son premier président. S'il avait vécu, Gambetta aurait assurément applaudi des deux mains à l'établissement du consulat français à Prague. Ce consulat établi, si mes souvenirs sont exacts, en 1897, en resserrant les liens qui unissent déjà la France à la Bohême ne sert pas seulement des intérêts commerciaux, assurément très respectables, *il représente aussi des intérêts moraux* dont je crois avoir suffisamment fait ressortir l'importance.

Tous ceux de nos compatriotes qui connaissent par le menu l'histoire et l'organisation de l'Autriche-Hongrie n'ignorent pas qu'il existe entre Vienne et Prague une certaine jalousie. Les Allemands de Vienne — et d'ailleurs — n'ont pas vu sans dépit le développement prodigieux du slavisme en Bohême et les ardentes sympathies des Tchèques pour la France. Certains journaux viennois, hostiles à la Bohême, émargent au fonds des reptiles berlinois. L'honorable rapporteur du budget des Affaires étrangères suppose que la suppression du Consulat français de Prague ne serait pas vue avec déplaisir à Vienne. Je puis ajouter qu'on en serait enchanté à Berlin.

P. S. — La Bohême fait naturellement partie de cette Allemagne *irredenta* dont les pangermanistes rêvent l'annexion.

Il y a quelques années, j'écrivis un article sur la Bohême dans une publication collective qui avait des souscripteurs dans toute l'Europe. Dans cet article, je faisais allusion aux conflits des Tchèques et des Allemands en Bohême et je disais : « Pour mettre un terme à ces conflits on a proposé de diviser le royaume de Bohême en deux parties, dont l'une serait purement slave et l'autre purement allemande. *Projet dangereux s'il en fut ; car il semblerait tracer à l'Allemagne les cadres d'une future annexion.* » Le secrétaire de l'entreprise, un personnage peu scrupuleux, me fit demander la suppression de ce passage. « S'il était inséré, disait-il, la publication serait interdite dans tout l'empire d'Autriche. » Or, je défendais l'intégrité de l'Autriche contre l'Allemagne. *Ce n'était pas à Vienne, c'était à Berlin* qu'on désirait la suppression des lignes incriminées. Je dus m'y résigner; mais, quelque temps après, je rétablis à dessein les lignes en question dans un de mes volumes qui n'a jamais été interdit dans l'Empire austro-hongrois.

Supprimer le consulat de Prague ce serait, comme disaient nos pères, *travailler pour le roi de Prusse.*

LA RENAISSANCE TCHÈQUE
AU XIXᵉ SIÈCLE

I

COUP D'ŒIL SUR LA LITTÉRATURE TCHÈQUE.

Il n'y a pas bien longtemps encore, on faisait remonter l'histoire de la littérature bohémienne jusqu'à
la période païenne. On rattachait à cette période des
poèmes épiques publiés avec grand fracas au début
du dix-neuvième siècle et sur l'origine desquels pla-
nait une nébuleuse incertitude. Ces poèmes, j'y ai cru
comme bien d'autres dans ma jeunesse, je les ai traduits et commentés (1). Aujourd'hui, je suis bien
obligé de les abandonner ; ils ne sont pas sans valeur,
mais c'est au dix-neuvième siècle qu'ils appartiennent

(1) *Chants héroïques et chansons populaires des Slaves de
Bohême* (Librairie internationale, Paris, 1866). Voir l'étude
sur Hanka.

sans conteste. Le problème est de savoir quel a été le fabricateur du faux matériel, et ce problème n'est pas encore, que je sache, absolument résolu.

Les premiers textes certains de la littérature tchèque ne remontent pas au delà du treizième siècle ; ils sont purement chrétiens ou didactiques. On traduit en tchèque des morceaux fort populaires au moyen âge, la *Dispute du vin et de l'eau*, la *Dispute du corps et de l'âme*. Parfois un trait indigène révèle la nationalité du traducteur. Ainsi Judas Iscariote est quelquefois traité d'Allemand. Certaines légendes rimées ont pour héros des saints nationaux, par exemple ce saint Procope, abbé du monastère de Sazava, dont j'ai ailleurs conté l'histoire.

L'imagination se plaît aux récits apocryphes de l'Ancien et du Nouveau Testaments, aux poésies didactiques et morales imitées de Caton ou d'Ésope. Un gentilhomme du quatorzième siècle, Smil Flaška de Pardubice, écrit sous ce titre, *le Nouveau Conseil*, un poème didactique et moral plein de sages conseils et de bonnes intentions, et publie un recueil de proverbes, œuvres morales si l'on veut, mais qui manquent d'originalité et ne parlent point à l'imagination.

L'imagination cherche à se satisfaire par des récits chevaleresques, des romans d'aventures sur Alexandre, Tristan, Brunewick et Stilfrid. Mais ces récits plus ou moins mal rimés ne sont que la transcription assez pâle d'originaux allemands. Le premier écrivain tchèque — je ne parle pas des écrivains latins, que nous laissons ici de côté — qui soit vraiment original, qui non seulement n'imite pas un modèle allemand, mais qui excite ses compatriotes slaves à secouer leur joug, c'est l'auteur d'une chronique rimée qui va de la création du monde jusqu'à l'année 1314 et qui, pour des raisons que je n'ai pas à expliquer ici, s'appelle *Chronique de Dalimil*. Il semble, par l'amertume de ses récriminations, par l'âcreté de son patriotisme, vouloir prendre la revanche du servage intellectuel, moral et politique auquel les Tchèques ont été trop longtemps soumis. Dalimil — gardons-lui ce nom, d'ailleurs imaginaire — ne connaît que deux espèces de princes, ceux qui sont hostiles aux Allemands et ceux qui leur sont favorables :

Spytihnev devint prince. Aussitôt il montra sa colère aux Allemands ; en trois jours il les chassa tous. Quand il eut sarclé la terre de tous les Allemands et de tous les autres étrangers, comme on nettoie un jardin de ses orties, ou une queue de cheval de ses chardons, il marcha contre le roi de Hongrie.

Le prince Oldrich prend pour épouse une paysanne tchèque, appelée Bozena. Ses compagnons murmurent. Le prince leur fait la leçon :

— Nous sommes tous sortis d'un même père. La noblesse est venue des paysans. Le noble redevient souvent paysan. J'aime mieux prendre une paysanne tchèque qu'une Allemande, fille de l'empereur. Le cœur de tout homme bat pour sa patrie. Une Allemande aimera moins mon peuple. Elle aura un entourage d'Allemands ; elle élèvera mes enfants à l'Allemande, et le peuple se divisera et tout le pays sera en danger.

Ailleurs, le roi Vratislav II veut nommer un Allemand évê... .e. Les seigneurs lui font des remontrances :

— Roi, nous ne voulons pas d'un Allemand pour évêque. Ton frère a chassé les Allemands du pays. Nous ne savons pas qui t'a mis du sang allemand dans les veines. Roi, de tes Tchèques tu n'as que de l'honneur, des Allemands tu n'as que perfidie.

Un des manuscrits de la chronique donne une variante plus brutale :

— Nous aimerions mieux avoir une queue d'âne pour évêque.

Je pourrais multiplier à l'infini ces citations. Celles que j'ai données suffiront à édifier le lecteur.

La chronique dont je viens de signaler le caractère germanophobe constitue un phénomène tout à fait remarquable dans l'histoire de la littérature tchèque du moyen âge. Les Allemands s'y intéressèrent à cause peut-être du mal qu'elle disait d'eux et ils la traduisirent en vers et en prose ; elle fut aussi traduite en latin au dix-huitième siècle. Elle fut imprimée à Prague pour la première fois en 1620, l'année de la fin de l'indépendance de la Bohême. Mais pendant toute la période d'absolutisme elle resta suspecte et proscrite, et lorsque Hanka voulut pour la première fois la réimprimer à Prague en 1849, la censure autrichienne l'interdit et l'édition dut émigrer à Leipzig. A dater de 1850 la chronique a pu circuler librement en Autriche.

Au quatorzième siècle, la Bohême slave est le théâtre d'un mouvement religieux et philosophique qui prépare la venue du maître Jean Hus. Ce mouvement, auquel se rattachent les noms de Conrad Waldhauser, de Milicz de Kromerize, de Thomas Stitny, je l'ai étudié dans un de mes précédents ouvrages (1).

Un trait caractéristique du peuple tchèque dans la dernière partie du moyen âge, c'est son amour passionné de l'Écriture. Avant l'invention de l'imprimerie, à la fin du quatorzième siècle et au commencement du quinzième, on signale en Bohême jusqu'à quarante manuscrits de la Bible. Ce ne sont pas seulement les savants qui la lisent et la citent : les textes sacrés pénètrent jusqu'aux masses populaires. Le pape Pie II, qui n'était pas suspect de tendresse pour un peuple enclin à l'hérésie, disait que « les ecclésiastiques italiens devraient avoir honte, eux qui savaient à peine lire la Bible, tandis qu'en Bohême les femmes mêmes l'apprenaient par cœur et étaient capables de l'interpréter ».

La langue chrétienne, élaborée par les traducteurs et les commentateurs tchèques, exerça une influence considérable sur la langue congénère des voisins polonais.

Hus ne fut pas seulement un grand théologien, il fut aussi un grammairien habile, et l'orthographe actuelle de la langue tchèque — orthographe dont les principes ont été adoptés pour la transcription de beaucoup d'idiomes — repose encore sur les règles qu'il avait posées dès le quinzième siècle. Parmi les

(1) *Études slaves* (Paris, Leroux, 1880).

écrivains qui procèdent de Hus, l'un des plus remarquables est le publiciste religieux Pierre Chelczicky ou de Chelczyc qui dans son livre intitulé : *le Filet de la foi*, aborde dans un esprit chrétien l'examen des questions sociales. Pierre de Chelczyc réclame l'application des doctrines du Christ à la vie quotidienne, à la vie pratique, bien avant Tolstoï qui fut ravi le jour où il se découvrit ce prédécesseur. Il proclame la doctrine : « Ne résiste pas au méchant. » Il prêche le retour au christianisme primitif ; il déclare que le pape et le roi, le pouvoir spirituel et temporel « sont les gros poissons qui rompent le filet de la foi ».

Au fond, c'est la doctrine de Chelczicky dont se sont surtout inspirés les Frères bohêmes, plus connus en Occident sous le nom de Frères moraves, qui ont rayonné sur la Bohême, la Pologne et l'Allemagne.

Les Tchèques considèrent le seizième siècle comme le siècle d'or de leur littérature. Cette littérature est essentiellement religieuse ; elle garde encore la forte empreinte que lui a imprimée la période hussite. Parmi les pays qui ont profité de l'invention de la typographie, la Bohême est loin d'occuper le dernier rang. L'annaliste Vacslav Hajek écrit son histoire dans une chronique où la sévère critique trouverait beaucoup à reprendre, mais où le patriotisme et l'imagination sont largement satisfaits. Hajek sait tout, il explique tout, et ce qu'il ne sait pas, il l'invente avec une si parfaite naïveté, une conviction si persuasive que le lecteur voudrait pouvoir lui donner raison.

Ce qui est surtout intéressant dans la littérature de

cette époque, ce sont les récits de voyages. Situés au centre de l'Europe, plus éclairés que la plupart de leurs voisins, les Tchèques voyagent beaucoup ; ils étudient la vie et les mœurs des régions les plus diverses. Les Frères bohêmes ou Frères moraves sont particulièrement curieux de s'éclairer sur les différentes religions. En 1491-1492 ils envoient par le monde des missionnaires à la recherche de la science. L'un d'entre eux, Kabatnik, s'en va par la Russie et par Constantinople jusqu'en Angleterre et en Égypte ; un autre, le frère Lucas, se trouve à point en Italie pour assister au martyre de Savonarole.

En 1570 un Frère bohême, Rokita, pénètre jusqu'à la cour du tsar à Moscou, Ivan le Terrible, pour essayer de le gagner aux doctrines de la secte.

La Terre-Sainte attire surtout les voyageurs : nous avons de curieux récits de ces pèlerinages dus à Jean de Lobkowitz, à Prefat de Vlkanov, qui visita aussi Saint-Jacques-de-Compostelle, à Harant de Polzice qui fut, en 1621, une des victimes de la catastrophe où sombra l'indépendance de la Bohême.

L'un des prosateurs les plus célèbres de cette époque, c'est l'imprimeur Adam de Veleslavin qui, nourri de la sève des humanistes, réussit à faire passer dans la phrase tchèque l'élégance de la période cicéronienne. Cet écrivain a longtemps été considéré comme un modèle inimitable. Quand il mourut, sa perte fut pleurée par trente-trois poètes ; il est vrai que parmi ces trente-trois poètes pas un n'a mérité de passer lui-même à la postérité. Ce qui caractérise toute la pé-

riode que nous venons de traverser, c'est l'absence de
poètes. Nous n'avons affaire tout au plus qu'à des
rimeurs, ou même à des rimailleurs.

Le dix-septième siècle marque pour cette littérature
qui commençait à s'épanouir une période de brusque
décadence. La réaction s'abat sur la Bohême vaincue,
les représentants des grandes familles sont mis à mort
ou exilés; parmi les hommes éminents qui furent alors
obligés de quitter le pays, il en est un qui fait honneur non seulement à la Bohême, mais à l'humanité
tout entière. C'est celui qui est connu dans toute l'Europe sous le nom de Comenius, chez ses compatriotes
tchèques sous le nom de Komensky.

On s'imagine parfois que Comenius est un Allemand. C'est une lourde erreur. Il doit son nom à la
petite ville morave de Komna, où il naquit en 1592.
Tous ceux qui s'occupent de pédagogie savent quel
rôle il joue dans l'histoire de la science de l'éducation,
où il a précédé Pestalozzi, de même que Hus a précédé
Luther et Calvin. Ce qu'on sait beaucoup moins, c'est
la place qu'il tient dans l'histoire de la littérature
tchèque. Il disait de lui-même qu'il était Morave de
naissance, Tchèque de langue et théologien de vocation.
Suivant la coutume du temps il a publié beaucoup
d'écrits en latin. Mais au milieu de ses occupations, de
ses épreuves, de ses pèlerinages à travers l'Europe, il
ne perdit pas un instant de vue sa langue maternelle.
Dès 1612, à l'époque où il poursuivait ses études à
Herbon (duché de Nassau) et plus tard à Heidelberg,
il entreprenait de rédiger un *Trésor de la langue*

tchèque qui comprenait un dictionnaire, une grammaire, une phraséologie, un recueil de proverbes. Il travailla plus de quarante ans à ce grand ouvrage, dont le manuscrit fut anéanti par un incendie en 1656. Mais il a écrit dans sa langue maternelle bien d'autres ouvrages qui sont restés; il aime les titres allégoriques ou pédantesques : *Lettres au ciel dans lesquelles les pauvres et les riches présentent leurs plaintes au Christ, L'abîme de la sécurité, Le château inexpugnable du nom du Seigneur, Le labyrinthe du monde et le paradis du cœur.* Il a écrit aussi des vers, traduit des psaumes ou des poésies morales. Sa langue est noble, grave, parfois un peu pédantesque. Il serait vivement à désirer qu'une étude détaillée fût consacrée à cette partie de son œuvre qui reste trop ignorée à l'étranger. Les Tchèques ont raison d'être fiers de leur Komensky. Il est avec Hus un des hommes qui ont fait le plus d'honneur à leur race. Komensky est le dernier représentant de la génération spirituelle du hussitisme. Il est aussi le dernier représentant de la haute littérature slave en Bohême. Dans la seconde moitié du dix-septième siècle et pendant les trois premiers quarts du dix-huitième la langue tchèque se réfugie chez le peuple et on n'écrit que pour lui. Des missionnaires fanatiques anéantissent à l'envi les productions d'une littérature considérée comme hérétique. Parmi ces iconoclastes les jésuites se signalent par leur zèle. C'est cependant au sein de cet ordre célèbre que se produit le plus intrépide défenseur de la nation persécutée.

Le jésuite Balbin publie en 1775, au lendemain même du jour où l'ordre vient d'être supprimé, sa *Dissertatio apologetica pro lingua slavonica, præcipue bohemica* (Défense de la langue slave et du tchèque en particulier). En 1781 Joseph II, qui rêve d'amener ses états à l'unité du germanisme, interdit le tchèque dans les écoles et lui substitue l'allemand. Il refuse de se faire couronner roi de Bohême. Une réaction formidable se produit; la langue qu'on croyait morte ressuscite brusquement et réclame ses droits.

L'oppression de cet empereur, dit dans ses mémoires — d'ailleurs écrits en Allemand — le comte Kaspar Sternberg, avait réveillé le nationalisme qui depuis longtemps sommeillait. L'empereur Joseph II, qui voulait tout centraliser, voulait aussi étouffer la langue de la Bohême, mais aucun peuple ne se laisse enlever le palladium de sa nationalité. Au couronnement de Léopold comme roi de Bohême, en 1791, on entendit tous ceux qui savaient le tchèque parler cette langue dans les vestibules du palais.

Cet idiome, que le peuple n'avait jamais oublié et que la noblesse faisait elle-même renaître à la vie publique, allait désormais reconquérir peu à peu le terrain qu'il avait ou semblait avoir perdu. En 1792, une chaire de tchèque était ouverte dans cette même université de Prague, d'où Jean Hus avait naguère banni les Allemands. Un quart de siècle plus tard le gouvernement prescrivait que les fonctionnaires du royaume devraient désormais posséder l'idiome tchèque dans les régions où le peuple le parle. La Bohême subissait alors le contre-coup du mouvement patriotique qui déchaînait la littérature allemande contre l'invasion française inspiratrice des bardes teutoniques. J'ai raconté autrefois, comment le grand poète panslave Kollar (1), alors étudiant en théologie à Iéna, assista aux fêtes qui célébrèrent à la Wartburg le troisième centenaire de la Réforme et quelle impression firent sur lui les manifestations pangermanistes dont il fut le témoin.

D'autre part, les guerres de Napoléon amenèrent en Bohême des troupes russes, et les Tchèques se trouvèrent pour la première fois en contact avec ce grand peuple slave qui à cette époque semblait devoir faire la loi à l'Europe. Les progrès de l'érudition philologique amenèrent les esprits studieux à réfléchir sur leurs origines, sur leurs affinités ethniques. Sans doute les Tchèques étaient bien peu de chose en face de la gigantesque Allemagne ; mais ils appartenaient à une grande race qui s'étendait des bords de l'Adriatique à ceux de l'Océan Pacifique, de la Baltique à la mer Égée, et les Frères slaves ne les laisseraient pas périr. Les débuts de la renaissance furent bien modestes. Mes lecteurs se rappellent peut-être le témoignage d'un homme qui en fut l'infatigable collaborateur, l'historien Palacky (2).

Pendant longtemps on vécut dans cette perspective peu consolante qu'il ne fallait pas compter voir refleurir une lit-

---

(1) *Jean Kollar et la poésie panslaviste* (Voir *Russes et Slaves*, première série). Cet ouvrage est malheureusement épuisé.
(2) *L'historien national de la Bohême : François Palacky* (*Nouvelles études slaves*, Paris, 1880).

térature éteinte depuis deux siècles. On étudiait les manuscrits anciens avec amour, mais sans espoir.

Un événement qui nous semble aujourd'hui bien singulier joue un grand rôle dans cette renaissance. C'est la découverte et la publication de deux anciens textes poétiques mis au jour par le philologue-poète Hanka : le manuscrit dit de Kralové-Dvor et le *Jugement de Liboucha.*

Ces poèmes, écrits dans une langue archaïque, racontaient en des vers de noble allure des épisodes historiques ou légendaires relatifs à des luttes contre les Allemands et les Tatares. Ils flattaient habilement l'amour-propre national. Les critiques n'étaient pas d'accord sur l'époque de leur rédaction primitive ; mais, sauf quelques rares sceptiques, personne ne songeait à contester leur authenticité. Désormais, grâce à la découverte de ces poèmes, la Bohême ne le cédait ni aux pays serbes, qui ont leurs *pesme* (1), ni à la Russie, qui a ses *bylines*, ni aux Allemands si fiers de leurs *Nibelungen.* Des étrangers illustres s'intéressaient à la découverte, en Allemagne Gœthe, en Russie le président de l'Académie de Saint-Pétersbourg Schichkov, qui les réimprimait et les commentait.

Quand je suis arrivé en Bohême pour la première fois, en 1864, les intellectuels étaient encore sous le charme de la merveilleuse découverte, et je crus rendre un grand service à la science en traduisant ces textes précieux qui avaient eu l'honneur d'être reproduits dans

(1) Chants épiques.

presque toutes les autres langues de l'Europe (1).

Aujourd'hui on sait que ces textes ont été habilement fabriqués, comme l'ont été au dix-huitième siècle ces poèmes ossianiques qui ont joui d'une vogue si considérable jusqu'aux premières années de la période romantique.

Peu importe de savoir qui a été l'auteur de la supercherie. Il a, par un acte déloyal, rendu à la littérature de son pays un service dont il ne soupçonnait point lui-même l'importance.

L'auteur et le découvreur des manuscrits, dit un historien (2), ont contribué à relever la conscience nationale des Tchèques. Ils ont provoqué un mouvement si profond que seule la révolution de 1848 peut lui être comparée. Les défenseurs des manuscrits se trouvèrent contraints à de sérieuses études historiques, de sorte que même sur ce terrain ces textes donnèrent d'heureux résultats.

Les féconds résultats des manuscrits peuvent donc justifier les bonnes intentions de l'auteur. Ils ont atteint leur but.

Je parlais tout à l'heure de l'influence que les chants du pseudo-Ossian avaient exercée sur les débuts du romantisme. Il y a environ trois quarts de siècle, nous avons vu se produire en France un phénomène analogue. Les chants bretons du Barzaz Breiz publiés en 1839

(1) *Chants héroïques et chansons populaires des Slaves de Bohême.* Il faut faire son deuil des chants héroïques, mais les chansons populaires sont authentiques et pénétrées d'une poésie qui ravissait des critiques comme Paul de Saint-Victor.

(2) M. Karasek.

par M. de la Villemarqué ont puissamment contribué au renouveau des études celtiques. On a reconnu depuis qu'ils étaient en grande partie remaniés, interpolés, falsifiés :

Ils ont néanmoins, dit le dernier biographe de l'éditeur, rendu des services en attirant l'attention sur les antiquités celtiques et en provoquant un mouvement d'étude qui depuis a porté ses fruits (1).

A côté de Hanka, l'éditeur et probablement l'auteur des chants en question, l'histoire littéraire cite les noms de Jungmann, le lexicographe, de l'archéologue paléologue Schafarik (2), de l'historien Palacky. Chez nous ni Jungmann, ni Schafarik n'appartiendraient à l'histoire littéraire. J'ai dit autrefois ici-même ce qu'il faut penser de Palacky. Il fut pour la Bohême ce que furent pour la France des hommes comme Guizot et Augustin Thierry. A côté de Kollar, le poète panslaviste que j'ai naguère étudié, se placent des poètes comme Celakovsky (1799-1852), lyrique délicat qui fit entendre à ses compatriotes les *Échos des chansons russes et des chansons serbes*, et Macha (1816-1836), qui apparut dans la poésie tchèque comme un Byron dépaysé et qui sur une harpe romantique chante les vieux châteaux, les prisons, la lune et l'amour.

Tandis que les poètes enflammaient les imagina-

(1) Article « Villemarqué » dans la *Grande Encyclopédie*.
(2) Voir plus loin les études sur Schafarik (on écrit aussi Safarik).

tions, un publiciste génial, Havliczek (1821-1856), faisait l'éducation politique de son peuple et lui donnait conscience de ses droits et de ses devoirs.

Cette première génération des poètes tchèques a vraiment créé en Bohême la langue poétique qui manquait jusqu'alors. Avant le dix-neuvième siècle il n'y eut guère que des rimeurs.

Dans le champ que ces précurseurs ont défriché, la moisson des poètes a levé superbe et généreuse. Voici d'abord Charles Iaromir Erben (1811-1870), l'auteur d'un recueil de ballades où le folkloriste érudit collabore avec un artiste exquis.

Viteslav Halek (1875-1895) est un lyrique délicat que ses compatriotes comparent volontiers à Henri Heine. Je nommerai encore, sans avoir la prétention d'épuiser la liste et en demandant pardon à tous ceux que j'omets, Jean Neruda, Adolphe Heyduk, Svatopluk Czech, Zeyer et enfin Vrchlicky, dans lequel les Tchèques aiment à saluer le plus grand de leurs poètes. Chacun de ces maîtres demanderait une étude spéciale.

Neruda (1834-1890) fut tout ensemble un fantaisiste, un feuilletonniste, un poète lyrique. Le trait principal de son talent est l'humour. Cet humour se retrouve aussi bien dans sa prose que dans ses vers ; il va parfois jusqu'à l'amertume et au sarcasme et il assigne au poète une place tout à fait à part dans la littérature de son pays. Heyduk (né en 1835) est surtout le chantre ou, comme disent ses compatriotes, le rossignol de cette région que les étrangers connaissent sous le nom de Boehmerwald. Les légendes historiques de son pays ont trouvé en lui un narrateur harmonieux et pittoresque. Il se plaît aussi aux tableaux de la vie des Slovaques ou des pittoresques Tsiganes.

La vie de Jules Zeyer a été trop courte (1851-1901), mais elle lui a suffi à produire une œuvre qui ne périra pas. Idéaliste impénitent, artiste achevé, il est comme notre Hugo un poète cosmopolite. Il ne se contient pas dans les limites étroites de son pays ou de sa race. Il s'en prend aux traditions germaniques, aux légendes de la Lithuanie, de l'Irlande ou de l'Orient. Aurait-il été flatté de se voir comparer à notre Leconte de Lisle ? Je ne sais. Il était à coup sûr moins impassible que l'auteur des *Poèmes barbares*, et certaines de ses poésies sont inspirées par un sentiment chrétien étranger à l'œuvre de notre compatriote.

Actuellement le représentant le plus illustre de la poésie en Bohême, c'est Jaroslav Vrchlicky (1). Ce nom qui épouvante et déroute un peu nos yeux et nos oreilles est un pseudonyme ; le vrai nom du poète est Émile Frida, et s'il avait prévu qu'il serait un jour couronné d'une gloire européenne, il aurait peut-être adopté un pseudonyme plus facile à prononcer pour des étrangers.

Il est né en 1853 et peut compter encore sur une longue carrière. J'ai eu, il y a quelques années, l'honneur de donner à mes amis de Prague une conférence

____

(1) Prononcez Verklitsky.

sous sa présidence et la joie de m'asseoir à son foyer domestique. Il enseigne à l'université de Prague les littératures comparées, il est secrétaire de la section des belles-lettres de l'Académie tchèque; l'empereur d'Autriche a tenu à honorer en sa personne la littérature tchèque en le nommant membre de la Chambre des seigneurs, qui est le sénat de la Cisleithanie. Ces succès personnels symbolisent en quelque sorte la marche triomphante de la littérature tchèque depuis un demi-siècle.

Jaroslav Vrchlicky, dit M. Karasek, est aujourd'hui le plus fécond, le plus universel poète, lyrique et épique, avec lequel aucun poète contemporain ne peut être comparé. Sa sphère poétique ne connait pas de frontières terrestres, son esprit parcourt l'histoire entière de l'humanité. Il plonge jusque dans le chaos, il éprouve les tortures de l'ange désolé de ne pas pouvoir connaître l'amour, s'attarde aux plaines de l'Inde pour étudier la sagesse bouddhique, pénètre à travers les jardins de roses de la Perse, dans le domaine du monde antique, ranime de son souffle puissant les dieux classiques, remonte dans le passé mystérieux de la Bohême.

Les maîtres que M. Vrchlicky admire le plus sont Victor Hugo et Gœthe. Il mérite souvent de leur être comparé. Un autre poète dont [la Bohême est justement fière, c'est Svatopluk Czech, né en 1846. Il est beaucoup moins cosmopolite que M. Vrchlicky. Il s'est plu à chanter les glorieux épisodes du passé de sa patrie, les Adamites, Zizka; il ne craint pas d'aborder les questions sociales. Ses *Chants d'un esclave* n'ont pas eu moins d'une trentaine d'éditions.

C'est un prosateur humoriste d'une rare vigueur, un des hommes dont les écrits font le mieux vibrer la fibre nationale et pénètrent jusqu'au fond du cœur des patriotes (1).

Avec ce glorieux trio : Zeyer, Vrchlicky, Czech, la poésie tchèque contemporaine n'a point à redouter la comparaison, même avec n'importe laquelle des grandes littératures européennes.

Je passe avec regret sous silence bien d'autres poètes qui mériteraient au moins une mention rapide et je termine par quelques indications sur les maîtres de la prose contemporaine. Les femmes ont joué un beau rôle dans le renouveau de la littérature nationale. Mme Bozena Nemcova (1820-1862) a été un peintre merveilleux de la vie populaire dans son roman rustique *La grand'mère*, publié pour la première fois vers 1855 (2). Sur ses traces se sont distinguées deux sœurs, Mmes Podlipska et Svetla, dont la seconde a été parfois comparée à George Sand, j'entends la George Sand morale et idyllique de la *Mare au diable* de *François le Champi* et de la *Petite Fadette*.

Récemment, Mme Gabrielle Preissova a emprunté à la vie des Slovaques et des Slovènes de Carniole des épisodes pittoresques et touchants dont quelques-uns ont paru dans notre langue.

Le patriotisme est la note dominante de la littérature tchèque contemporaine. L'imagination aime à se re-

---

(1) Voir plus loin l'étude sur Svatopluk Czech.
(2) Ce roman a été traduit en français. J'ai adapté autrefois un roman de Mme Svetla (*Nouvelles Études slaves*, 1886).

porter vers les origines légendaires de la Bohême, vers le quatorzième siècle, et notamment ce règne glorieux de Charles IV, le fondateur de l'université, le père de la patrie, vers la glorieuse période du hussitisme et les épisodes de la guerre de Trente ans, qui marque une étape si douloureuse de la vie nationale. L'un des plus féconds romanciers historiques a été Vacslav Benes Trebisky (né en 1871) ; bien que prêtre catholique il se plait néanmoins aux souvenirs du hussitisme, il est plein de tendresse pour ce pauvre peuple tchèque qui a tant souffert et dont George Sand avait naguère évoqué les misères dans *Consuelo*.

Le grand romancier national, celui que la Bohême oppose avec orgueil à Sienkiewicz, c'est Aloïs Jirasek, qui évoque les souvenirs de la maison de Luxembourg et des guerres hussites. Son œuvre capitale est un grand roman intitulé *les Têtes de chiens* (Psohlavci). Les *psohlavci*, c'étaient les paysans gardiens de certains districts de l'ouest; on les appela les *Chodes*. Leur drapeau portait une tête de chien, d'où le surnom sous lequel ils sont souvent mentionnés dans l'histoire. M. Jirasek nous raconte dans un langage pittoresque la lutte qu'ils soutinrent pour la conservation de leurs privilèges et les circonstances tragiques dans lesquelles ils succombèrent. L'histoire de ce petit groupe de paysans est devenue comme le symbole et le résumé de l'histoire nationale. Le roman de M. Jirasek est aussi populaire en Bohême que l'ont été chez nous les patriotiques romans d'Erckmann Chatrian.

Les compatriotes de l'auteur voudraient bien le voir paraître en langue française. Mais pourrait-il avoir un sérieux intérêt pour un public en somme assez indifférent aux péripéties historiques de la Bohême ? Je n'ose poser la question ou plutôt je crains bien d'avoir à répondre par la négative. Parmi les contemporains, il en est un qui nous serait peut-être plus accessible : c'est M. Jacques Arbes. Ses récits ont l'avantage d'être fort courts : il s'est spécialisé dans le *romanello*. On compare sa manière nerveuse et très personnelle à celle de Maupassant.

Je n'ai voulu relever dans cette étude que quelques noms saillants, poser que quelques jalons rapides. Dans un travail publié il y a une dizaine d'années et recueilli dans un de mes volumes (*Russes et Slaves*, troisième série), j'avais déjà appelé l'attention sur le mouvement littéraire de la Bohême slave et insisté sur quelques noms que j'ai laissés ici de côté. Le développement si rapide de cette littérature est « un fait unique, un phénomène dont on ne trouverait l'analogue dans aucune littérature de l'Europe ».

II

LES ÉTUDES SLAVES EN BOHÊME ET EN RUSSIE (1).

A l'époque où j'ai commencé mes études, il y a
bientôt un demi-siècle, d'étranges légendes circulaient
en Occident ; on y agitait à tout propos le spectre du
panslavisme ; on montrait la Russie marchant à la
conquête du monde slave par la triple force des armes,
de l'intrigue et de l'or. Il faut en rabattre quand on
voit les choses de près. Dans le domaine de la philologie, ce n'est pas la Russie qui a conquis la Bohême,
c'est bien au contraire la Bohême qui a conquis la
Russie. On peut appliquer à leurs relations, en les
modifiant et en violant toutes les règles de la métri-
que, les fameux vers d'Horace :

(1) V.-A. Frantsev, *Études sur l'histoire de la Renaissance
tchèque. Les Relations scientifiques entre la Russie et la Bohême
à la fin du dix-huitième siècle et au commencement du dix-
neuvième siècle. Un vol. in-8°, Varsovie, Imprimerie universitaire, 1902,*

Bohemia capta [a Germanis] ferum Moscovitam cepit et artes
intulit agresti Russiæ...

I

C'est aux dernières années du dix-huitième siècle
que remontent les premières relations scientifiques de
la Russie et de la Bohême. Les efforts de Marie-Thé-
rèse et de Joseph II pour germaniser définitivement
les Slaves de cette province provoquèrent une réaction
dont les conséquences se font encore sentir aujour-
d'hui. En 1783, Ignace Tham publiait sa *Défense de
la langue tchèque* (Obrana jazyka ceskéko). Il y rappelait la parenté de cette langue avec la famille des langues slaves, qui s'étendait, disait-il, jusqu'aux frontières de l'Arménie et de la Perse. L'année suivante,
Hanke von Hankenstein écrivait — en allemand —
son *Empfehlung der böhmischen Sprache und Literatur* (Vienne, 1782). En 1792, Joseph II donnait un
commencement de satisfaction aux patriotes bohémiens en créant à l'Université de Prague une chaire
de langue tchèque qui fut confiée à l'historien Pelzel
et occupée à partir de 1801 par le grammairien poète
Nejedly. Cette même année 1792, Jean Rulik faisait
paraître (en tchèque) *la Gloire et l'excellence de la
langue tchèque.*

Le modeste enseignement de Nejedly eut du retentissement jusqu'en Russie. L'un des premiers slavophiles de ce pays — le premier peut-être dans l'ordre

chronologique — l'amiral Schichkov (1), président de l'Académie russe, traduisit en langue russe une de ses leçons dans les Mémoires de l'Académie. Il exaltait le patriotisme des Bohémiens : « La Bohême, disait-il, est par rapport à nous comme un nain par rapport à un géant. Ce nain aurait-il l'âme plus haute que le géant ? Dieu nous en garde ! »

La résistance que la Russie opposa à Napoléon trouva, d'autre part, un écho en Bohême dans la poésie et dans la correspondance intime des littérateurs : « Cette guerre, écrivait le lexicographe tchèque Jungmann à son ami Marck (4 mai 1814), a exalté le monde et ne contribuera pas peu au perfectionnement de la Russie. »

La sympathie qu'excitait le grand empire slave devait donner aux Bohémiens le désir de l'étudier.

Le premier Tchèque qui entra directement en rapport avec la Russie en vue d'un objet scientifique fut le fondateur de la philologie slave, l'abbé Dobrovsky. En 1792, la Société des Sciences de Prague lui confia la mission d'aller en Suède pour rechercher les manuscrits bohémiens enlevés par les Suédois pendant la guerre de Trente ans. De Stockholm il eut l'idée de se rendre en Finlande et de là à Saint-Pétersbourg et à Moscou, non plus pour examiner des textes tchèques, mais pour étudier les nombreux manuscrits slavons des archives et des bibliothèques. A Pétersbourg, il s'étonna de l'indifférence des Russes pour leur an-

____

(1) Né en 1751, mort en 1840.

cienne littérature : *Ut verum dicam*, écrivait-il (4 février 1793) à son ami Dürich, l'éditeur de la « *Bibliotheca Slavica* », *non potui, altero jam mense urbem percensitans, eruditos Russos istarum rerum amantes reperire*». Il ne nous a pas laissé savoir s'il avait été plus heureux à Moscou, car il n'a pas écrit de relation détaillée de son voyage. Il marque pourtant, ce voyage, une date considérable dans l'histoire des études slaves. Dobrovsky apprit à fond le russe, que l'on ne savait guère alors en Bohême, et qu'un Tchèque ne saurait déchiffrer sans de sérieuses études. La différence des deux langues est à peu près aussi considérable que celle qui existe entre le portugais et le français, sans compter la difficulté supplémentaire provenant de la nature des alphabets et de l'orthographe. Prague n'avait point de chaire de philologie slave. Dobrovsky réunit dans son cabinet quelques jeunes gens curieux de langue russe ou de philologie (Puchmayr, puis Hanka, Marek, etc.). En 1792, pour se préparer à son voyage, il avait rédigé un petit travail, *Vergleichung der russischen und böhmischen Sprache* ; en 1799, au moment où les troupes russes traversaient la Bohême, il publia en allemand un petit manuel (*Hülfsmittel*) pour les Russes qui voulaient entendre les Bohémiens, et les Bohémiens qui voulaient se faire comprendre de leurs congénères.

En 1805, Puchmayer fit paraître en tchèque un traité d'orthographe russe-tchèque. Les événements militaires des années 1812 et 1813 augmentèrent l'intérêt pour la langue russe et donnèrent lieu à des publications analogues (par exemple *Neuer deutsch-böh-misch-russischer Dolmetscher*, Prague, 1813.) En 1820, Puchmayer, sur le plan du célèbre ouvrage de Dobrovsky, *Lehrgebäude der böhm. Sprache*, publia *Lehrgebäude der russischen Sprache*, dédié à l'impératrice Maria Feodorovna. Ce manuel était précédé d'une introduction de Dobrovsky.

Les travaux de Dobrovsky eurent en Russie un grand retentissement. Ce qui attira surtout l'attention ce furent ses *Institutiones linguae slavicae dialecti veteris*, publiées à Vienne, en 1822. Sur son ancienne langue religieuse, le slavon, la Russie n'avait aucune œuvre de cette valeur. Roumiantsov s'y intéressa particulièrement, et un jeune homme, qui devait jouer un rôle considérable comme publiciste et historien, Pogodine, entreprit de traduire les *Institutiones* en langue russe. Sa traduction de la première partie parut en 1833 à Saint-Pétersbourg ; l'année suivante parurent les parties II et III, traduites par Schevyrev. Entre temps, Péninsky avait édité à Pétersbourg (en 1825) une grammaire slavonne, fondée en grande partie sur celle de Dobrovsky. Ainsi la Russie se mettait, pour l'étude de la langue sacrée, à l'école de la Bohême.

Dobrovsky, le patriarche de la slavistique, mourut en 1828. Mais il laissait des disciples, qui allaient continuer son œuvre, en y ajoutant toute l'ardeur d'un patriotisme juvénile. Parmi eux figurent en première ligne Vacslav Hanka et Ladislas Celakovsky. Fils de simples paysans, Hanka avait eu de bonne heure l'occasion de pratiquer les langues slaves avec des soldats illyriens (serbes ou croates) et russes. Il s'était particulièrement intéressé aux chants populaires. En 1815, il publiait en tchèque un petit travail sur la Russie ; en 1817, il traduisait des chants serbes ; il enrichissait sa langue maternelle de vocables empruntés aux idiomes slaves, et dont l'un au moins a fait une telle fortune en Bohême qu'il serait aujourd'hui impossible de s'en passer.

En 1847, il *découvrait* les fameux poèmes du manuscrit de *Králové Dvor* (Kœniginhof) (1), poèmes qu'on l'a depuis accusé d'avoir fabriqués de toutes pièces, en s'aidant des épopées russes ou serbes. Bien qu'il ait encore aujourd'hui des défenseurs intrépides, la cause de ce manuscrit paraît absolument désespérée. Mais, au moment où il le mit au jour, personne ne douta de son authenticité, et ce fut une joie immense dans les pays slaves. Les Russes se plurent à admirer les épopées bohémiennes, à noter la ressemblance frappante de l'ancien tchèque et de l'ancien russe. Roumiantsov, Schichkov, le métropolitain Eugène reçurent avec enthousiasme l'édition princeps du fameux manuscrit. Schichkov en publia coup sur coup trois traductions, dont l'une dans les Mémoires de l'Académie. Il trouvait que le texte des poèmes tchèques était plus facile à comprendre que celui du *Chant*

(1) Je les ai traduits dans ma jeunesse, à une époque où je croyais à leur authenticité. *Chants héroïques et chansons populaires des Slaves de Bohême*, 1 vol. in-12, Paris, 1866. Voir plus loin l'étude sur Hanka.

d'Igor, ce en quoi il n'avait peut-être pas tort. L'Académie russe décerna à Hanka une médaille d'argent. Le *Jugement de Liboucha*, un autre poème apocryphe, n'eut pas moins de succès en Russie et en Pologne. Rakowiecki le réimprima dans sa *Prawda ruska* (La loi russe, Varsovie, 1820). D'autre part, Hanka publiait, à Prague, le poème d'Igor dont nous parlions tout à l'heure (1821). Grâce à Hanka et à Schichkov, deux savants médiocres, mais deux enthousiastes convaincus, la partie était liée désormais entre la Bohême et la Russie.

Un autre représentant de la solidarité littéraire, de la mutualité (*Wechselseitigkeit*, dira plus tard Kollar) qui s'établit à cette époque entre les deux nations, c'est le poète Celakovsky (1). Plus jeune que Hanka, originaire de la province, il était arrivé à Prague en 1818, au moment où s'accentuait la *Sturm-und Drangperiode* de la renaissance bohémienne ; puis il avait été continuer ses études à Linz, où il s'était pris d'une belle passion pour la Russie. Il demanda en 1820 à l'ambassade de Vienne un passeport, qui lui fut refusé, et dut rester en Autriche. De dépit, il faillit se jeter dans l'étude de la théologie. Il dévorait tous les livres russes qu'il rencontrait. Hanka rêvait aussi le voyage de Russie : ce personnage équivoque, dans lequel on a voulu voir un agent russe, ne fut toute sa vie qu'un pauvre diable. Les roubles russes n'ont jamais

____

(1) Le fils de Ladislas Celakovsky, M. le professeur Jaromir Celakovsky, de Prague, est aujourd'hui correspondan de notre Académie des Sciences morales et politiques.

été qu'une légende propagée par les Allemands ou les Magyars; les ressources limitées de Hanka ne lui permirent jamais de dépasser Dresde.

Ce qui attirait surtout l'attention de Celakovsky, c'étaient les chants populaires russes, notamment les chants épiques. Dans sa correspondance avec Kamaryt, il fait remarquer très justement que la plupart des chants russes offrent un caractère épique, tandis que les chants tchèques sont essentiellement lyriques. En 1822, il fait paraître un recueil de chants populaires slaves, où figurent des poèmes russes, petits-russes, serbes et slovènes. Ce recueil est dédié à Hanka : sans avoir de chaire officielle, il était slaviste officieux de Prague. Le volume attira l'attention même en Russie. Celakovsky avait emprunté une partie de ses poèmes à un Chansonnier russe qui avait appartenu à un officier de passage en Bohême. Voilà certes un résultat bien imprévu des vicissitudes de la guerre.

Continuant ses recherches sur le folklore slave, Celakovsky s'occupe à recueillir les proverbes des différents pays. La *Philosophie du peuple slave dans les proverbes* ne paraîtra qu'en 1852; il y travaille dès 1827. Il rêve d'un dictionnaire étymologique des langues slaves, œuvre qui ne sera réalisée que beaucoup plus tard, par Miklosich (1). Ce dictionnaire, il médite de le rédiger en langue russe, ce qui lui vaut, de la part des loyalistes autrichiens, des témoignages non équivoques de mauvaise volonté. Le 21 janvier 1828, l'Aca-

____

(1) *Etymologisches Wœrterbuch der slavischen Sprachen* (Vienne, 1886).

démie russe est saisie de ce projet de dictionnaire et décide en principe d'imprimer l'œuvre à ses frais. Il y a loin du projet à l'exécution. Du manuscrit primitif de Celakovsky, il n'y a plus en Russie que quelques fragments, et l'étymologie comparée a fait de terribles progrès depuis ces temps héroïques.

La guerre des Russes contre la Turquie (1828-1829) n'excite pas moins d'enthousiasme en Bohême que leurs campagnes de 1812 à 1814. Dans les cercles tchèques on porte la santé des vainqueurs. La police autrichienne s'émeut; elle confisque dans les magasins une lithographie représentant le passage du Danube; elle interdit une chanson tchèque fort inoffensive : *les Russes sur le Danube*. Elle ne peut cependant empêcher l'enthousiasme de se donner carrière dans les lettres particulières : « Que seraient les Slaves sans les Russes? écrit Celakovsky à un ami. Sans eux, les Allemands — je résume — nous extermineraient tous. La flamme de Moscou a illuminé de sa lueur toute la Russie et en même temps tout le monde slave. Nous ne nous en rendons pas compte nous-mêmes. »

Cette même année 1826, Celakovsky fit paraître son *Écho des chansons russes*, ouvrage qui révéla le premier aux Slaves d'Occident tout le charme de la poésie populaire russe, et enchanta les Russes eux-mêmes. C'était tout ensemble une merveilleuse interprétation et une œuvre originale, quelque chose comme du grec transcrit par André Chénier. Mais les Tchèques n'étaient pas riches, et le volume se vendit péniblement.

En 1841, sur cinq cents exemplaires tirés, trois cents seulement avaient trouvé acquéreur.

En Russie, les deux propagateurs les plus ardents du slavisme scientifique étaient, vers 1830, Schichkov et Köppen. Schichkov était un marin, qui avait visité Prague par hasard, et qui, malgré ses publications académiques, ne fut jamais qu'un amateur intelligent. Köppen, lui, était un professionnel. Il était d'origine brandebourgeoise ; mais, né à Kharkov, élevé dans les milieux purement russes, il se considérait comme Slave et son nom occupe une place fort honorable dans l'histoire du panslavisme littéraire. Dès 1823 il avait visité Prague, s'était lié avec Dobrovsky et Hanka, Jungmann, Puchmayer, Celakovsky, Palacky, etc. C'est à lui et à Schichkov qu'appartient l'idée de fonder dans les universités russes l'enseignement de la slavistique. Un essai avait bien été fait en 1811 à Moscou ; mais la chaire, confiée à Katchenovsky, n'avait pas réussi. En 1826, Schichkov, ministre de l'Instruction publique, manifesta l'idée d'établir des chaires pour l'étude des choses slaves (*Slavianstvo*) en Russie. Köppen se hâta d'instruire Hanka de cette innovation ; il en instruisit également Safarik, qui résidait à Novi Sad (1), dans la Hongrie méridionale. Hanka, Safarik et Celakovsky acceptèrent en principe l'idée d'aller occuper la nouvelle chaire aux Universités de Pétersbourg, Moscou et Kharkov. Dans le plan de Schichkov, Hanka était professeur à Pétersbourg, Cela-

(1) En allemand Neusatz, en hongrois Ujvidek.

kovsky à Moscou et Safarik à Kharkov. Les conditions faites aux trois professeurs éventuels n'étaient pas très brillantes. J'ai déjà fait allusion aux légendes sur l'or semé par la Russie dans les pays slaves, sur les agents panslavistes. Toutes ces légendes s'évanouissent aujourd'hui. D'autre part, les livres manquaient pour l'enseignement à fonder. Schichkov proposait de créer auprès de l'Académie une bibliothèque slave et d'y appeler, comme conservateurs, trois ou quatre savants des pays slaves. Aucun de ces projets ne devait se réaliser.

Hanka et Celakovsky acceptèrent d'abord en principe. Safarik, dont la femme était d'une santé fort délicate, eut peur du climat de la Russie et refusa. Les Allemands et les Polonais eurent vent de ces négociations. On fit courir des bruits d'argent russe répandu, voire même d'espionnage. D'autre part l'insurrection polonaise de 1830 créa en Occident un courant d'idées défavorables à la Russie et à ceux qui s'intéressaient à elle. En 1833, les négociations avec les savants tchèques furent définitivement rompues.

Elles furent reprises en 1836 avec Safarik à l'occasion de la fondation de la chaire de Moscou; mais elles n'aboutirent point.

Les Tchèques se refusaient décidément à porter aux Russes la science dont ils étaient, depuis Dobrovsky, les pionniers officiels. Les Russes se décidèrent à venir à eux.

II.

Le premier missionnaire russe en Bohême, ce fut Po-godine, dont nous avons déjà parlé plus haut à propos de la traduction des *Institutiones* de Dobrovsky. Il vint à Prague en 1835, entra en rapport avec tous les représentants du slavisme scientifique et devint, à Moscou, le consul de cette science nouvelle pour les Slaves non Russes, comme Hanka l'était à Prague pour les non Tchèques.

A côté de Pogodine, on voit apparaître son compatriote Bodiansky. En 1837, il avait conquis devant l'Université de Moscou le titre de *magister* (licencié) avec une dissertation, encore estimée aujourd'hui, sur la poésie populaire des Slaves. Au lendemain de cet examen, il entreprit la traduction des *Antiquités slaves*, dont Safarik venait de publier le premier volume. Le grand slaviste se débattait alors contre la misère : il était protestant ; cette circonstance lui interdisait l'accès de l'Université. Bien que l'allemand lui fût familier, il écrivait ses *Antiquités* en langue tchèque (1). Le musée de Prague ne pouvait lui allouer, pour l'impression de cet ouvrage monumental, qu'une subvention dérisoire. Les livres russes, dont il avait

(1) L'édition allemande des *Slavische Alterthümer*, traduite par un Serbe de Lusace, Mosig von Ærenfeld, ne parut, à Leipzig, qu'en 1843. L'édition tchèque avait été publiée six ans auparavant, en 1837.

besoin pour ses recherches, étaient inaccessibles. Force était de mendier au nom de la science, de solliciter en Russie des livres et des souscriptions. Pogodine nous a dépeint le misérable intérieur de Safarik : « Son petit cabinet de travail est meublé de livres ; auprès de ce cabinet deux chambres abritent la famille, une femme et quatre enfants. On entre dans son cabinet par la cuisine. » Une souscription de 500 florins, recueillie en Russie par Pogodine, fut un véritable bienfait pour le pauvre savant et pour la science.

« Sans votre contribution, lui écrivait Safarik (juin 1836), mes *Antiquités slaves* n'auraient pas pu paraître cette année. » L'ouvrage une fois publié en tchèque, Pogodine voulut en faire profiter le public russe, et confia la traduction à Bodiansky. Mais le succès de l'œuvre ne répondit point à ses espérances. Il s'en vendit à peine une cinquantaine d'exemplaires.

Safarik eut bientôt l'occasion de faire connaissance de son traducteur. Bodiansky arriva à Prague au mois de décembre 1837. Il n'y avait toujours point de chaire de slavistique à l'Université de Prague. Qui eût été plus digne de l'occuper que Safarik ? Le jeune savant russe prit des leçons particulières auprès du maître ; il étudia avec lui le tchèque, le lusacien, le slovaque, l'histoire, la paléographie, la numismatique ; il lut avec lui les plus anciens textes tchèques, notamment les apocryphes, dont je parlais plus haut, et dont personne ne doutait alors, pas même Safarik. Au bout de quelques mois, Bodiansky parlait couramment le tchèque. Il rencontra à Prague deux de ses compatriotes, Kastorsky et Ivanychev, qui venaient prendre aussi des leçons de philologie slave, mais qui ont laissé peu de traces dans la science. Les efforts de Safarik et de Hanka reçurent à la fin leur récompense Le ministère russe de l'Instruction publique leur alloua à chacun une subvention de 3.000 roubles; l'Académie russe en fit autant. C'étaient ces subventions, en vue de travaux scientifiques, que l'opinion, en Allemagne ou même en France, qualifiait de menées panslavistes. Elles n'auraient pas été nécessaires, si le gouvernement autrichien avait procuré aux slavistes tchèques les moyens de vaquer librement à leurs travaux. Elles n'auraient plus de raison d'être aujourd'hui. Personne cependant ne s'étonne de voir *l'Archiv für slavische Philologie* soutenu par le Ministère de l'Instruction publique de Saint-Pétersbourg. Mais les Allemands s'indignaient du réveil du slavisme en Bohême; il leur était pénible d'en admettre la légitimité et de reconnaître un caractère désintéressé à l'œuvre d'un homme tel que Safarik qui faisait pour la Slavie, dans des circonstances bien autrement pénibles, ce que les frères Grimm faisaient pour l'Allemagne.

Après la Bohême, Bodiansky visita la Moravie; malheureusement sa santé s'altéra : des rhumatismes violents l'obligèrent à quitter les villes de bibliothèques et d'universités pour les villes d'eaux et notamment pour Freiwaldau, où les douches froides du fameux Priessnitz passaient, en ce temps-là, pour guérir les rhumatismes. Elles ne le guérirent point, car, en 1872, je l'ai retrouvé à Moscou tout enveloppé d'ouate et souffrant du même mal qui, trente-cinq ans auparavant, l'avait arrêté dans ses voyages. Nous verrons tout à l'heure avec quelle ardeur il propagea en Russie l'œuvre de Safarik.

Uno avulso non deficit alter. Au moment où Bodiansky était arrêté par la maladie dans sa tournée scientifique, un autre jeune slaviste arrivait en Bohême. C'était Ismaïl Ivanovitch Sreznevsky, que l'Université de Kharkov destinait à occuper la chaire nouvelle de slavistique, et que le comte Ouvarov envoyait en mission en Occident. Il prit des leçons auprès de Celakovsky et profita des conseils de Safarik et de Hanka, sur lequel il a publié des souvenirs intéressants. Il fut rejoint à Prague par son compatriote Preïss, qui eut surtout affaire à Safarik et à Palacky, mais qui ne dédaigna pas non plus le concours de Hanka. Hanka jouait vis-à-vis du ministère de l'Instruction publique russe — à titre purement désintéressé d'ailleurs — un rôle analogue à celui que jouent chez nous les directeurs de nos Écoles de Rome et d'Athènes; les étudiants russes sollicitaient son apostille pour les missions nouvelles ou les prolongations qu'ils demandaient à leur gouvernement.

A côté de Bodiansky, Sreznevsky, Preïss, qui tous devaient marquer en Russie dans l'enseignement de la slavistique, il faut encore signaler P. P. Doubrovsky, alors professeur dans un gymnase de Varsovie, qui fut depuis professeur à l'Institut pédagogique et membre de l'Académie. Il arriva à Prague au mois de juin 1841, fréquenta assidûment les savants tchèques

et, à son retour, fonda à Varsovie une revue, *Dennitsa*
(L'Étoile du matin), qui compta plusieurs d'entre eux
parmi ses collaborateurs : elle prétendait se tenir au
courant du mouvement intellectuel de tous les pays
slaves. Malheureusement, elle eut peu d'abonnés et ne
vécut que quelques mois. Doubrovsky, né à Kiev, sur la
frontière du monde russe et du monde polonais, consacra le reste de sa vie à des travaux relatifs à l'histoire
et à la littérature des deux peuples, qu'il rêvait de
réconcilier tout au moins dans le domaine scientifique.

Un peu plus tard, Prague vit arriver un des plus
intrépides explorateurs du monde slave, Grigorovitch.
Il était alors âgé de trente et un ans. Depuis le mois
d'août 1844 jusqu'au commencement de l'année 1846,
il avait entrepris dans la péninsule balkanique une
série d'explorations qui marquent une date importante
dans l'histoire de nos études. Il avait commencé par
Constantinople, avait vécu à Salonique, visité le mont
Athos, parcouru la Macédoine jusqu'à Ochrida, Serres,
et le monastère du mont Rilo, résidé à Sofia et à
Philippopoli et gagné le Danube par Trnovo. C'était
une exploration aussi fatigante, aussi dangereuse et
aussi méritoire que le serait aujourd'hui celle des
régions centrales de l'Afrique.

Grigorovitch resta cinq mois à Prague, suivit à l'Université allemande le cours de littérature tchèque, professé par Koubek, prit des leçons particulières auprès
de Jacob Maly, étudia le serbe de Lusace et fit l'admiration de Safarik par les manuscrits et les souvenirs
qu'il avait rapportés de son voyage dans la péninsule

balkanique. Il rentra en Russie par Leipzig, Berlin et Kœnigsberg. Il resta toujours en relations avec Prague et n'oublia jamais la langue tchèque. Elle lui était encore familière en 1874, lorsque j'eus l'occasion de le rencontrer au congrès archéologique de Kiev. Il se plut un jour, au grand étonnement des auditeurs, à discuter en cette langue avec un savant tchèque, membre du congrès.

De retour dans leur pays, les missionnaires russes firent honneur à leurs instituteurs. En 1842, Bodiansky occupa, à l'Université de Moscou, la chaire d'histoire et de littérature des dialectes slaves. Pogodine salua ses débuts avec enthousiasme. Les étudiants affluèrent. Pour l'année scolaire 1843-1844, il fallut commander à Prague près de quatre cents volumes. C'étaient les œuvres de Safarik qui avaient les honneurs de la nouvelle chaire. Bodiansky interprétait les *Antiquités* et l'*Ethnographie slave* du maître de Prague. Pour fournir le nouvel enseignement des manuels indispensables, Bodiansky travaillait à deux ouvrages : une chrestomathie panslave de littérature populaire et un dictionnaire tchèque russe. Il ne devait achever ni l'une ni l'autre de ces publications. Il restait en rapport constant avec ses maîtres de Prague et leur rendait compte de ses leçons. Malheureusement, comme il arrive trop souvent à des professeurs inexpérimentés, qui confondent la pédagogie avec le pédantisme, il se perdait dans des minuties qui lui valaient, de la part de Pogodine et de Safarik, des remontrances malheureusement trop justifiées.

A Kharkov, Sreznevsky ouvrit ses leçons, le 16 octobre 1841, avec un succès qui le surprit. Il en rendait compte à Hanka et méditait de publier une *Revue slave*, dont il donne le programme dans sa correspondance.

A Pétersbourg, Preïss avait commencé, en 1842, un cours où il traitait particulièrement de l'ethnographie slave. Malheureusement, il mourut en 1846 et n'eut pas le temps de justifier les espérances auxquelles il avait donné lieu.

Grigorovitch avait été envoyé à l'Université de Kazan ; il entretenait de là, avec Safarik, une correspondance dont malheureusement on n'a publié que peu de fragments. De l'extrême Orient russe, il mettait à la disposition du maître les manuscrits qu'il avait rapportés de la péninsule balkanique. En 1862, il lui dédiait un travail relatif aux apôtres Cyrille et Méthode. Safarik ne vécut pas assez pour jouir de cet hommage. Il était mort le 26 juin 1861.

La carrière des disciples russes fut plus heureuse et et plus aisée que celle du maître de Prague ; mais, malgré leur talent et leur érudition, aucun d'entre eux n'a laissé une œuvre comparable aux *Antiquités slaves*.

Les chaires une fois créées, les professeurs formés à l'école de Prague, il y avait encore une grande difficulté à vaincre. Il fallait se procurer des livres pour les élèves. Ce n'était pas une petite affaire : le commerce des livres slaves n'était pas encore organisé. Aujourd'hui encore — j'en sais quelque chose — ce commerce laisse beaucoup à désirer.

On juge quelles devaient être les difficultés en 1840.
Cette fois encore, Hanka rendit de sérieux services, en
expédiant aux Russes les livres qui leur manquaient.
Les nouvelles chaires restèrent en communication
avec Prague, comme des succursales avec la maison
mère. Safarik mit à profit des relations avec les
Russes pour enrichir sa bibliothèque, déterminer des
points douteux d'archéologie ou d'ethnologie slave.

La *résurrection* de notre Évangéliaire slave de Reims
donna une impulsion nouvelle à ces relations scientifiques. Dans un récent travail sur ce texte célèbre (1),
j'ai raconté comment ce précieux manuscrit avait
reparu à la lumière. Mais, faute d'avoir tous les textes
sous la main, je n'ai pas rendu une justice suffisante
à l'un des *découvreurs* du précieux manuscrit slave,
A. J. Tourguenev. Il suffit de jeter les yeux sur ma
bibliographie pour voir avec quelle ardeur les savants
de Prague, Pétersbourg et Moscou s'intéressèrent à
la nouvelle découverte.

Hanka en donna une édition (Prague, 1846). Cette
édition, dans laquelle le philologue tchèque compare
le manuscrit de Reims à ceux d'Ostromir et d'Ostrog,
rendait, malgré ses nombreuses fautes, un sérieux
service aux savants russes. Le ministre de l'Instruction publique Ouvarov la présenta à l'empereur

(1) Introduction à l'édition fac-similé de l'*Évangéliaire
slavon de Reims*, brochure in-4°, Reims, F. Michaud, et
Prague, Fr. Rivnac, 1899. Cette introduction a été réimpri-
mée dans mon récent volume, *le Monde slave*, 2ᵉ série,
1 volume in-12, Paris, Hachette et Cⁱᵉ, 1902.

Nicolas, qui conféra à Hanka la croix de commandeur de l'ordre de Sainte-Anne. C'était probablement la première fois qu'un savant tchèque recevait de la Russie une si haute distinction. Elle dut faire bien des jaloux. Si la science de Hanka était médiocre et peu consciencieuse, son zèle pour le développement des études slaves était infatigable et méritait en somme, une récompense. Mais il était pauvre ; il ne lui était pas indifférent de tirer profit de ses publications. Il envoya à Bodiansky, pour les répandre en Russie, 200 exemplaires de son édition de l'Évangéliaire. Ils ne se vendirent pas ; aujourd'hui encore, il est resté de ces 200 exemplaires un certain nombre, qui figurent toujours sur les catalogues de la Société historique de Moscou.

Cette *mévente* fut pour Hanka une amère désillusion. Il comptait sur le bénéfice de l'entreprise pour subvenir aux frais d'un voyage en Russie. Il ne devait jamais réaliser ce rêve. Sa correspondance nous apprend un détail encore curieux, à propos de l'Évangéliaire ; le père Martynov, que beaucoup d'entre nous ont naguère connu à Paris, collaborateur assidu de la *Revue des questions historiques* et du *Polybiblion*, vint à Prague en 1856 et médita de donner une édition nouvelle du célèbre texte. Ce projet resta à l'état de projet ; c'est grand dommage. Mais le P. Martynov, qui médita aussi, et ne publia point, une histoire des apôtres slaves, n'était pas homme à persévérer longtemps dans une entreprise de longue haleine. La seule œuvre un peu consisérable à laquelle son nom restera attaché, outre le catalogue des manuscrits slaves de la Bibliothèque nationale, c'est l'*Annus ecclesiasticus Græco-Slavicus*, qu'il publia à Paris en 1863 comme supplément aux Bollandistes, et qui est encore précieux à consulter pour les savants qui ne peuvent recourir aux textes slaves. C'est un ensemble de notices, et le P. Martynov, comme beaucoup d'entre nous, hélas ! aimait mieux les petites notices que les gros volumes.

Celakovsky mourut en 1851, Hanka en 1861, Safarik en 1862. Il ne m'a pas été donné de les connaître personnellement. Mais j'ai rencontré en Russie les disciples qui avaient profité de leurs leçons et qui avaient parcouru une carrière plus heureuse que celle des précurseurs bohémiens. J'ai recueilli de la bouche des Pogodine, des Bodiansky, des Sreznevsky, des Grigorovitch, le témoignage ému de leur reconnaissance. En faisant l'éducation de ces jeunes savants russes la nation tchèque a bien mérité du monde slave tout entier.

III

VACSLAV HANKA, SES SUPERCHERIES LITTÉRAIRES

I

Vacslav Hanka est une des figures les plus singulières de la renaissance tchèque. Il était né en 1791 à Horinaves, au nord-ouest de la Bohême, non loin de cette petite ville de Králové Dvor (le Kœniginhof allemand) qu'il devait rendre si célèbre. Comme la plupart des restaurateurs de la langue, de la littérature et de la nationalité tchèque, il était de fort modeste extraction ; il était le fils d'un laboureur qui était en même temps aubergiste. Joseph Dobrovsky, le fondateur de la philologie slave, avait pour père un simple soldat ; Safarik, le créateur de l'ethnologie slave, un modeste pasteur de village, et l'historien Palacky, un maître d'école qui avait commencé par être tailleur.

Le jeune Vacslav était destiné à embrasser la profession paternelle et, jusqu'à l'âge de seize ans, il ne fréquenta l'école primaire que pendant les semestres d'hiver. Il avait l'âme assez poétique, il s'intéressait à la vie de la nature, à ces chansons populaires de Bohême qui sont si pittoresques et que sa mère se plaisait à lui chanter (1). Il avait le don des langues : des soldats de diverses nations, des Russes, des Polonais, traversaient parfois le village et leurs conversations donnaient à l'enfant l'idée des idiomes congénères de sa langue maternelle et le désir de les étudier.

Une circonstance inattendue vint lui permettre de développer son horizon intellectuel et de satisfaire sa curiosité. Les parents de Hanka craignaient de voir leur fils enlevé par le recrutement; or en ce temps-là les étudiants étaient exemptés du service militaire. On décida donc que le jeune Vacslav irait faire ses études au gymnase de Hradec Králové, autrement dit Kœniggratz. Un curé lui donna quelques leçons préparatoires; mais au début le jeune *gymnasiste* eut fort à faire pour suivre des cours qui dans ce temps se donnaient en allemand. Il savait mal cette langue. En revanche il profita de la présence d'un régiment serbe dans la ville pour compléter les notions de philologie slave déjà acquises dans l'auberge paternelle.

(1) J'ai publié en 1866, à la Librairie internationale un recueil de *Chants héroïques et chansons populaires des Slaves de Bohême*. Il inspira à Paul de Saint-Victor un feuilleton ému et enthousiaste qu'il m'autorisa à reproduire dans *a Bohême historique* (Paris, 1867).

En 1800 il se rendit à Prague pour continuer ses études. Son père aurait voulu lui voir embrasser la carrière ecclésiastique; mais la littérature slave exerçait sur le jeune étudiant un attrait irrésistible. Tout en étudiant le droit il se liait avec quelques rares jeunes gens qui avaient comme lui la passion de la langue maternelle et il commençait à être considéré tout ensemble comme un savant et un poète d'avenir; parmi ces jeunes gens il en est deux qui ont à leur tour exercé sur Hanka une action considérable et sur lesquels il nous faut insister. L'un est Joseph Linda, l'autre Aloïs Svoboda.

Joseph Linda, né en 1789, mort en 1834, étudia en même temps que Hanka la philologie slave au cours de Dobrovsky. Il se passionna si bien pour le passé de son pays, pour les anciens textes tchèques qu'il aurait essayé d'en fabriquer. On lui attribue la paternité d'un petit poème apocryphe, *la Chanson dite du Vysehrad* (1), que Hanka publia à la suite d'un autre recueil apocryphe, connu sous le nom de manuscrit de Králové Dvor. Ce Linda essaya de ressusciter le passé de son pays dans deux ouvrages : un roman intitulé *l'Aurore se lève sur le paganisme* ou *Vacslav et Boleslav* (Prague, 1818), et un drame intitulé *Jaroslav Sternberg vainqueur des Tatares* (1823). *L'Aurore,*

_____

(1) J'ai traduit ce poème ainsi que d'autres, dont il sera question, dans le volume cité plus haut : *Chants héroïques et chansons populaires des Slaves de Bohême.* Inutile de dire que je suis un peu plus sceptique aujourd'hui que je ne l'étais dans ce temps-là.

dont j'abrège à dessein le titre un peu long, a peut-être été inspirée par *les Martyrs* de Chateaubriand. L'auteur a voulu peindre la lutte entre le christianisme naissant et le paganisme finissant au temps de saint Vacslav (dixième siècle), qui fut le deuxième prince chrétien de Bohême et qui périt assassiné par son frère Boleslav (934). Je n'ai pas lu ce roman historique, qui est devenu fort rare et qui n'a pas été réimprimé. Mais j'en ai trouvé une analyse très détaillée dans un article de feu Joseph Jireczek (1). L'idée première, la lutte du christianisme et du paganisme, pouvait fournir la matière de scènes dramatiques, de tableaux pittoresques. Mais l'exécution est lamentable, la couleur locale absolument fausse. On a soupçonné Linda d'être le complice ou l'auteur principal d'une fraude littéraire (le manuscrit de Králové Dvor) dont Hanka portera devant l'histoire la principale responsabilité et dont je parlerai tout à l'heure. Après avoir lu l'analyse détaillée — avec citations — de son roman historique, *l'Aurore sur le paganisme*, je déclare en mon âme et conscience que l'auteur de cette œuvre me paraît absolument incapable d'avoir participé à la fraude en question. Il y a incompatibilité absolue entre le style de son roman et celui des morceaux poétiques du fameux manuscrit. Qu'il ait fourni des idées à Hanka (si Hanka est le faussaire), c'est possible; qu'il ait lui-même rédigé le texte du manuscrit de Králové Dvor, la question semble plus

(1) Dans une revue publiée à Prague, *Osvěta*, année 1879.

délicate. Le dernier biographe de Linda dans l'Encyclopédie Otto (1) constate que par la tendance et le
fond, par la langue, par un grand nombre de détails,
ce roman offre de grandes analogies avec les chants
épiques du manuscrit de Králové Dvor et du manuscrit de Zelená Hora. « Jusqu'ici, dit-il, cette concor-
dance frappante n'a pas été expliquée. » Dobrovsky
supposait que Linda avait rédigé le manuscrit de Králové Dvor; Sembera supposait qu'il l'avait simplement
écrit au point de vue matériel du mot et dans ce cas
on peut se demander où ce simple homme de lettres
amateur, qui à l'Université n'avait étudié que le droit,
avait pu apprendre tant de paléographie.

L'Aurore sur le paganisme est aujourd'hui en
Bohême une production aussi complètement illisible
que peuvent l'être chez nous *la Gaule poétique* de
M. Marchangy ou tel roman du vicomte d'Arlincourt.
Les récits épiques du manuscrit de Králové Dvor sont
eux parfaitement lisibles et sont l'œuvre d'un homme
qui assurément ne manquait ni de mesure ni de goût.

En dehors de *l'Aurore* Linda a encore écrit un
drame qui mérite d'être signalé ici. Il est intitulé :
Jaroslav Sternberg dans la lutte contre les Tatares.
Or le rôle d'un Sternberg lors d'une invasion de Tatares au treizième siècle est précisément l'objet d'un
des poèmes suspectés. Est-ce le poème écrit pour la
première fois en 1818 qui a inspiré ce drame, est-ce le

(1) Cette encyclopédie tchèque, très bien rédigée, compte
vingt-neuf volumes. Elle est au point de vue slave beaucoup mieux renseignée que les encyclopédies allemandes.

drame qui, étant encore manuscrit, a inspiré le poème ? Tout ce qu'on peut constater, c'est la coïncidence. Le drame est en trois actes, le poème a environ deux cent cinquante vers. Dans le fragment que j'ai sous les yeux un détail me frappe. J'y vois figurer un personnage appelé Veston, qui se retrouve dans le poème du manuscrit. Ce nom extraordinaire n'est ni slave ni allemand. Il est mal fabriqué ; mais nous ne pouvons savoir si c'est Linda qui l'a imaginé ou le compilateur du fameux manuscrit.

L'autre littérateur avec lequel Hanka se trouva en rapport, c'est Vacslav Aloïs Svoboda (né en 1791, mort en 1849). Il avait fait de brillantes études et était fort habile écrivain dans les trois langues tchèque, allemande et latine ; il fut professeur d'un gymnase de Prague. Il a laissé notamment en allemand un travail estimé sur les tragédies de Sénèque. Hanka exerça sur lui une grande influence, lui fit traduire en allemand quelques-unes de ses poésies tchèques, et lorsqu'il publia la première édition du manuscrit de Králové Dvor, ce fut Svoboda qui se chargea de l'accompagner d'une traduction en vers allemands. On s'est demandé si Svoboda n'avait pas fait d'abord les vers allemands et si ce n'était pas sur ce texte que Hanka, avec ou sans l'aide de Linda, aurait à son tour fabriqué un soi-disant texte original. Voici un fait qui semble bien prouver que Svoboda n'a été que traducteur et peut-être bien un traducteur fort loyal, étranger, à toute idée, à toute complicité de supercherie. La première édition du texte allemand a paru en 1819.

En la revoyant Svoboda constata qu'il n'avait pas bien compris certains passages du poème intitulé *Cestmir et Vlaslav* ; il refit sa traduction et la publia remaniée dans la *Revue allemande du Musée de Prague* (année 1829, pp. 304-312)(1). Peut-on supposer que ces remaniements n'étaient qu'une comédie destinée à appeler l'attention du public sur une nouvelle édition qui allait paraître et qui parut en effet en 1829 ? Il faut avouer que le procédé serait assez singulier.

J'ai dû présenter un peu rapidement Linda et Svoboda à nos lecteurs, parce que, pour ceux qui étudient d'une façon critique l'histoire de la Renaissance littéraire en Bohême, leurs noms restent indissolublement associés à celui de Hanka. Mais s'ils ont été à un moment donné ses complices, ce qui n'est pas *géométriquement* démontré, ils n'ont pas été précisément associés à sa gloire. Leurs noms sont retombés dans l'obscurité tandis que celui de Hanka a joui et jouit encore d'une notoriété considérable dans tous les pays où se parlent les langues slaves.

Je reviens à Hanka. Nous l'avons laissé au moment où, après avoir étudié, avec Dobrovsky, un peu de philologie slave, il débute dans la littérature. La poésie l'attire tout d'abord. Il publie des chansons — nous di-

(1) J'emprunte ces détails à une notice de M. Rybick a publiée en 1879 dans la revue *Osvĕta*, où a paru également l'étude sur Linda, à laquelle je faisais allusion tout à l'heure. La revue allemande du Musée a cessé de paraître vers 1830. En revanche la publication de la revue tchèque dudit Musée a continué.

rions plutôt des romances — dont plusieurs mises en musique sont devenues populaires, ont eu plusieurs éditions, ont été traduites en russe, en allemand. Aujourd'hui encore on en loue la naïveté idyllique, la forme légère et agréable, le tour érotique. En même temps il s'applique à d'autres travaux ; il traduit des chansons serbes, des idylles de Gessner, il publie (en 1817) un traité d'orthographe tchèque qui a été souvent réimprimé. Il entreprend sous les auspices de Dobrovsky une publication des plus anciens textes tchèques (six volumes de 1817 à 1826) et il y joint des notes et des index qui révèlent une assez médiocre érudition. En publiant ces anciens textes Hanka a eu l'occasion de constater qu'ils sont en général assez peu intéressants. La Bohême eut des légendes fort poétiques qu'on retrouve par exemple dans la *Chronique latine* de Cosmas ou dans la *Chronique rimée* dite *de Dalemil*, mais elle ne sut pas leur donner au moyen âge une forme poétique analogue à celle des *pesmas* serbes ou des *bylines* russes. Hanka cherche à se représenter ce qu'auraient bien pu être des chants analogues à ce récit poétique dit *le Poème d'Igor*, dont il donnera plus tard une édition avec traduction et commentaire, et il s'essaye à en composer. Était-il seul, fut-il aidé par les deux compères que j'ai nommés tout à l'heure ? Ils sont restés muets ; nul n'a trahi le secret et Hanka n'a jamais parlé. Que le travail ait été l'œuvre d'un seul ou une œuvre collective, il a dû demander quelque loisir. Les chants une fois composés, il s'est agi de les transporter sur parchemin et de les présenter au public dans les circonstances les plus vraisemblables. Toutes ces opérations sont encore assez compliquées. La plus délicate est peut-être celle qui consiste à trouver le parchemin nécessaire, à copier les textes de façon que l'imposture n'éclate pas du premier coup. Il n'y avait pas d'École des chartes en ce temps-là et, sauf le peu qu'il avait pu apprendre de Dobrovsky ou de ses propres expériences dans les bibliothèques, Hanka n'était en somme qu'un autodidacte. Je ne me connais pas en paléographie; mais je sais que dans les longues polémiques auxquelles le manuscrit en litige a donné lieu on n'a guère élevé d'objections à ce point de vue. J'ai chez moi un fac-similé photographique du fameux manuscrit. Je l'ai communiqué il y a quarante-cinq ans au regretté Gaston Paris, qui le soumit à Natalis de Wailly (le tchèque s'écrit en caractères latins). Ni Paris, ni de Wailly ne trouvèrent au point de vue paléographique d'objection sérieuse à présenter contre l'authenticité du document.

Hanka — si c'est lui qui a fabriqué le manuscrit, car encore une fois nous n'avons que des présomptions — ne se contenta pas de fabriquer un manuscrit aussi bien établi que possible. Il alla jusqu'à fabriquer quatre fragments ou segments de pages adhérents au manuscrit, fragments représentatifs de pages disparues; ces fragments ne pouvaient qu'accroître les regrets des patriotes et confirmer l'authenticité de la découverte.

Le manuscrit fabriqué, il ne s'agissait pas de le publier maladroitement, dans des circonstances qui auraient pu tout d'abord éveiller les soupçons sur l'authenticité. Il s'agissait de le *découvrir* devant témoins, de façon à écarter toute idée de fraude ou de supercherie. Voici comment Hanka s'y prit, — s'il a été vraiment l'auteur et non la dupe de la mystification. Je ne puis que reproduire le récit que j'ai fait au temps jadis dans la préface de ma traduction :

Au mois de septembre 1817 Hanka était allé visiter quelques amis à Králové Dvor (petite ville du cercle de Hradec Králové ou Kœniggratz). Comme il s'entretenait avec le curé des ravages que cette ville avait eu souffrir au temps des Hussites, celui-ci offrit de lui montrer dans un caveau situé sous la tour de l'église quelques fers de flèches qui y avaient été déposés avec de vieux parchemins à l'époque des guerres de Zizka. Hanka se rendit à l'église avec le curé, et en remuant ces flèches il découvrit trois manuscrits ; le premier était un psautier sur parchemin ; le second un traité d'astronomie ; le troisième, mutilé, était celui dont il est question en ce moment.

Évidemment le fraudeur, quel qu'il soit, avait habilement faufilé d'avance le corps du délit dans le caveau, ou bien Hanka lui-même, par un habile tour de passe-passe, avait fait semblant de l'y découvrir.

En 1879 un grave historien, M. Tomek, visita la petite ville de Králové Dvor avec l'intention de faire une enquête sur l'*invention* du manuscrit.

Voici ce qu'il écrivait au retour de cette visite (1) :

Le 23 septembre j'arrivai à Králové Dvor. Je voulais voir l'endroit où fut trouvé le manuscrit et m'informer de ce

______

(1) *Paměti z mého zivota, Mémoires de ma vie* (en tchèque, t. II, p. 378). Voir plus loin la notice sur Tomek.

que l'on savait des circonstances de sa découverte. Le doyen, M. l'abbé Stépanek, nous amena à l'église et au caveau où le manuscrit avait été découvert. Il avait avec lui comme témoin oculaire le sacristain Safel, homme de 76 ans, qui, en 1818, étant alors assistant de chœur, avait été présent lors de la découverte. (En 1818 le sacristain en question avait donc 45 ans.) Safel nous raconta ce qui suit, en déclarant qu'il avait pris des notes le lendemain même de l'incident :

Hanka était chez le doyen dont il recevait l'hospitalité quand on parla pendant le dîner de certaines pointes de flèches qui provenaient des troupes de Zizka. On partit pour les voir ; elles étaient conservées dans une armoire qui se trouvait dans un caveau. Deux de ces pointes sont encore aujourd'hui dans l'armoire ; les autres sont au musée de Prague. Sur l'armoire il y avait deux vieux recueils de cantiques. Hanka demanda à les voir ; on en descendit un et à ce moment un petit manuscrit qui était entre les deux volumes tomba à terre. Safel le ramassa et le donna au doyen, qui dit : « Ce doivent être des prières latines. » On sortit du caveau et alors Hanka reconnut que c'était du tchèque. A la découverte assistait encore un certain M. Nyklicek, magistrat, le sacristain ne se rappela plus dans quel endroit.

Comme on le voit, la mise en scène de la découverte avait été fort bien réglée, on ne saura jamais par qui ni comment ; toutefois, si l'on applique l'adage *is fecit cui prodest*, il y a lieu de croire que Hanka n'y avait pas été étranger. Ce qu'il y a de certain, c'est que cette découverte fit de lui un des hommes le plus considérables du monde slave. Quels qu'aient été depuis ses travaux linguistiques ou littéraires — malgré les objections de quelques adversaires peu écoutés du reste — il est resté pendant toute sa vie le découvreur (je demande pardon du mot ; inventeur serait plus exact puisqu'il a très probablement inventé de toutes pièces le fameux manuscrit) et le premier éditeur du *Kralodvorsky Rukopis*, de la *Kœniginhofer Handschrift*, comme on dit en allemand.

La découverte fit un bruit énorme et Hanka en tira fort habilement parti. Il commença par offrir le manuscrit au Musée de Prague, qui venait d'être fondé. En 1819 il donna une première édition du précieux texte, édition qui devait être suivie de beaucoup d'autres. Le patriarche de la philologie slave, Dobrovsky, l'historien de la littérature tchèque Jungmann, l'historiographe du royaume, Palacky, exaltèrent et commentèrent tour à tour le précieux manuscrit.

Il y eut bien une voix discordante ; ce fut celle du slaviste de Vienne, Kopitar, qui, dans un travail publié en 1839 (*Hesychii glossographi discipulus*, etc.), déclara que le manuscrit pouvait bien n'être qu'une imitation des chants serbes mis à la mode par Vuk Stefanovitch Karadjitch. Mais cette protestation resta isolée.

L'intérêt que Hanka portait aux vieux manuscrits et à la littérature tchèque en général lui valut d'être attaché au nouveau Musée national, dont il devint conservateur. Tout en multipliant des travaux d'édition, de grammaire, d'histoire littéraire, qui aujourd'hui n'ont plus grand'valeur, il revenait sans cesse à son manuscrit. Les éditions se multipliaient. En 1820 un slavomane enthousiaste, mais peu critique, l'amiral Schichkov, publiait le manuscrit avec une traduction russe dans les Mémoires de l'Académie de Pétersbourg. En 1845 un Mécène lettré, le comte Mathias Thun, faisait paraître une nouvelle traduction allemande avec une préface de Safarik, l'auteur des *Antiquités slaves*, et des notes de l'historien Palacky. Chez les peuples slaves des poètes distingués s'empressaient de faire passer dans leur langue des textes qu'on regardait volontiers comme le patrimoine commun de toute la race.

Les traducteurs furent : pour la Russie, Nicetas Vasilievitch Berg (1821-1884), que j'ai eu l'occasion de rencontrer à Moscou et à Varsovie et qui fut l'un des plus merveilleux improvisateurs de son temps; — pour la Serbie, Slavko Zlataric, qui dédia sa traduction au prince de Monténégro, Pierre Petrovitch Niegoch, lequel était lui-même un poète très distingué; — pour les pays croates, Ignace Berlic, dont la traduction faisait double emploi avec celle de Zlataric, puisqu'il n'y a au fond qu'une seule langue serbo-croate; — pour la Pologne, un littérateur distingué, Lucien Siemenski (1800-1876), auquel on doit d'élégantes pièces originales et des travaux de critique littéraire; — pour la langue des Wendes ou Serbes de Lusace, J.-B. Smoler, plus connu sous le nom allemand de Schmaler (1816-1874), auquel on doit la création du *Slavisches Centralblatt*, et qui fut un des apôtres les plus convaincus de la solidarité slave ou, si l'on préfère ce terme, du panslavisme littéraire; — pour la langue italienne, un certain Felice Francesconi, sur la personnalité duquel je n'ai pas de détails et qui, dans une préface emphatique, évoque les souvenirs d'Homère et d'Ossian. Ossian vient bien à propos ici; on sait de quel crédit il a joui tant qu'on a cru à l'originalité et à l'authenticité des poèmes publiés sous ce nom et dans quel oubli il est tombé depuis. Pour l'Angleterre, le traducteur fut le révérend Albert Henri Wratislaw, descendant d'une famille tchèque émigrée, directeur de la *Grammar school* de Bury Saint-Edmond, et auteur de quelques travaux estimables sur la littérature de son pays d'origine. En 1851, Hanka se donna le plaisir de réunir toutes ces traductions à la suite du texte original dans un volume intitulé : *Polyglotta Kralodvorského Rukopisu* (Polyglotte du manuscrit de Králové Dvor, Prague, aux frais de l'éditeur). Aux traductions complètes il joignait des spécimens de traduction en langue petite-russienne, slovène, française et bulgare. Le spécimen en français est dû à feu Eichhoff (1799-1875), qui fut inspecteur général de l'enseignement secondaire, correspondant de l'Académie des inscriptions, et auquel on doit des travaux estimables de philologie. Lorsque j'allai à Prague pour la première fois en 1864, un patriote désireux de mettre en lumière les trésors de la littérature nationale me fit cadeau de la *Polyglotta*. Je fus humilié de constater que la langue française y était si peu représentée. Je me promis de combler cette lacune, et en 1866 je publiai la traduction à laquelle j'ai fait allusion tout à l'heure, et que je fis précéder d'une préface non moins enthousiaste que celles de tous mes confrères étrangers. Je ne l'écrirais plus aujourd'hui.

Hanka s'occupait des diverses littératures slaves, de la langue slavonne, de notre évangéliaire de Reims, de l'ancien évangile russe d'Ostromir ; il publiait une grammaire polonaise. Grâce aux travaux de Dobrovsky, de Safarik, de Hanka lui-même, Prague était considérée dans la première moitié du dix-neuvième siècle comme la métropole des études slaves en Europe, comme une sorte de Mecque que tous les slavisants ou les slavophiles se croyaient tenus de visiter. Hanka aimait tellement l'ancienne littérature de son pays qu'il se croyait tenu de l'enrichir au besoin de documents apocryphes ; il se gênait peu avec les manuscrits qui lui étaient confiés ; il les falsifiait sans vergogne ; il y ajoutait des glossaires, des miniatures ; au besoin il fabriquait des textes. Mais ces péchés mignons n'étaient soupçonnés que de quelques rares spécialistes, dont le scepticisme trouvait en somme peu de crédit dans le monde slave. D'autre part il avait rendu de grands et incontestables services à la bibliothèque du Musée de Prague ; il l'avait mise en ordre et accrue de nombreux manuscrits qui, grâce à Dieu, n'étaient pas tous apocryphes. Il faisait les honneurs de sa collection et de la merveilleuse ville de Prague avec un empressement et une bonhomie dont les hôtes slaves lui étaient d'autant plus reconnaissants qu'il les accueillait dans leur langue maternelle. Il parlait et écrivait fort convenablement le russe et le polonais et en ce temps-là cette connaissance pratique des idiomes slaves était fort rare. Les relations de librairie entre Prague et Varsovie, Pétersbourg ou Moscou étaient très difficiles, et Hanka était le plus obligeant, le mieux informé des commissionnaires. Tous les visiteurs qui venaient à Prague emportaient du docte bibliothécaire un excellent souvenir et avaient la plus haute idée de son érudition. Lorsque vers 1840 on voulut organiser en Russie l'enseignement des langues slaves, Hanka fut, avec Safarik et le poète Celakovsky, l'un des candidats auxquels on songea pour une chaire d'Université, mais les choses ne s'arrangèrent pas et le zélé bibliothécaire resta à son poste. Il rendit d'ailleurs de très grands services à la bibliothèque qui lui était confiée (toute réserve faite, bien entendu, sur les faux que lui dicta une forme assez singulière de patriotisme). Il finit cependant par inspirer une certaine défiance à quelques-uns de ses compatriotes, même à ceux qui au début s'étaient passionnés pour ses pseudo-découvertes et qui restèrent jusqu'à la fin de leur vie absolument convaincus de l'authenticité des poèmes de Králové Dvor, Celakovsky, Palacky, Nebesky, Safarik, Hanus ; je ne parle pas des slavistes de Vienne, les deux Slovènes Kopitar et Miklosich. Miklosich l'exécuta fort brutalement en 1852 dans un article de la *Slavische Bibliothek* (t. I, p. 266). Cet article était intitulé : *Réponse aux niaiseries et aux mensonges du sieur Hanka*. Miklosich, avec une âpreté extraordinaire, prenait Hanka à partie, le traitant d'ignorant, d'idiot et de malhonnête homme. Dans cette polémique si violente il ne s'agissait que de textes slavons et il n'était fait aucune allusion aux anciens textes tchèques publiés par Hanka. Hanka avait insinué que Miklosich avait pu s'approprier certains travaux de Kopitar : *Inde iræ*. La grande majorité des compatriotes de Hanka ne voulut rien entendre des soupçons ou des insinuations dirigés contre l'homme qui avait doté la littérature tchèque du manuscrit de Králové Dvor, qui rendait à cette littérature des services incontestables, qui avait fait de la Bibliothèque du Musée un foyer de slavisme international. Hanka n'avait jamais songé à jouer un rôle politique, mais lorsque la révolution — révolution bénigne s'il en fut — éclata à Prague en 1848, il fut tout naturellement désigné à l'attention de ses compatriotes ; il fit partie du Comité national, de la la ligue qui s'appelait le Tilleul slave (*Slovanska lipa*, par opposition au Chêne germanique), et il fut nommé membre de la diète du royaume et du parlement de Vienne. Il refusa ce dernier mandat. Il ne pouvait se décider à se séparer de sa chère bibliothèque. Ce slavophile enthousiaste n'a jamais voyagé dans les pays slaves. Il est vrai que ses ressources étaient très modestes et que dans ce temps-là les voyages étaient moins aisés qu'aujourd'hui.

Malgré les polémiques et les soupçons injurieux dont il était l'objet, son nom restait populaire parmi les jeunes générations. Depuis 1848 il faisait à l'Université allemande de Prague, en qualité de docent, un cours où il enseignait le slavon, le russe, le tchèque et le polonais. Cet enseignement tout nouveau lui valait de nombreuses sympathies en Bohême et à l'étranger. En 1857, à l'instigation d'un jeune poète, Neruda, un recueil de poésies lui était offert pour célébrer le quarantième anniversaire de la découverte du manuscrit de Králové Dvor. Peu de temps après, dans un journal allemand, le *Tagesbote aus Böhmen*, paraissait un article intitulé : *Handschriftliche Luegen und palaeographische Wahrheiten*, dans lequel Hanka était cruellement pris à partie et désigné comme un faussaire qui avait mis en circulation quatre documents faux : *la Chanson du roi Vacslav, la Chanson du Vysehrad, le Jugement de Libussa, la Prophétie de Libussa*. Sous la pression de ses amis et de l'opinion publique, Hanka dut intenter une action au directeur du *Tagesbote*. Le journal n'avait invoqué que des présomptions morales; il n'avait pas de preuves matérielles ; le rédacteur Kuh fut condamné et la probité de Hanka juridiquement proclamée. Il ne suffit pas de constater qu'un billet de banque est faux, il faut encore prouver par qui il a été fabriqué et la preuve n'est pas toujours facile.

Les correspondants si nombreux de Hanka ont-ils été au courant de ses attaques? Lui ont-ils exprimé parfois quelque doute, présenté quelque objection (1)? Je n'en sais rien. Si le fait s'est produit, il a probablement supprimé les documents qui gênaient sa conscience, car dans l'immense correspondance qui remplit le volume dont je m'occupe en ce moment et que j'ai lue tout entière, de la première à la dernière ligne, je n'en

---

(1) Un seul d'entre eux fait allusion au procès, c'est le père Martynov, qui n'a jamais douté de la probité de Hanka (voir plus loin).

ai pas trouvé une seule qui exprimât même l'ombre de septicisme vis-à-vis du manuscrit de Králové Dvor, dont la découverte était alors, est encore aujourd'hui pour quelques patriotes attardés, le principal titre de Hanka à la reconnaissance de la postérité. Les honneurs étaient venus le trouver dans ce cabinet de bibliothécaire qu'il n'avait jamais voulu quitter. L'Académie des Sciences de Pétersbourg lui avait décerné une médaille d'or, l'empereur François-Joseph lui avait également conféré la médaille d'or *litteris et artibus*. L'empereur Ferdinand d'Autriche, les empereurs Alexandre et Nicolas avaient daigné lui offrir en témoignage de leur bienveillance des bagues enrichies de brillants. Il était correspondant des Académies de Saint-Pétersbourg et de Vienne, chevalier de l'ordre russe de Saint-Vladimir et commandeur de celui de Sainte-Anne. Il mourut au début du mois de janvier 1861 ; ses funérailles furent l'objet d'une véritable manifestation nationale ; des services funèbres furent célébrés dans la plupart des villes de la Bohême ; dans les centres intellectuels des pays slaves des hommages solennels de respect et de reconnaissance furent rendus à sa mémoire.

J'ai sous les yeux deux biographies de Hanka ; l'une a paru en 1863 dans le troisième volume de la Grande Encyclopédie tchèque, publiée à Prague sous la direction de Ladislas Rieger, le célèbre homme d'État, et est due probablement à la plume de son collaborateur, Jacob Maly ; l'autre a paru en 1896, dans la Nouvelle Encyclopédie publiée à Prague, par la librairie Otto.

Cet article, signé d'un professeur de Prague, M. Joseph Hanus, diffère singulièrement du premier. Le premier proclame que Hanka est un homme qui a rendu les plus grands services à la nation tchèque et l'un de ses favoris. Il avoue que Hanka manquait de critique, qu'il lisait et éditait mal les manuscrits, mais il ne doute pas un instant de sa probité litéraire.

Quand même il n'aurait fait que découvrir le manuscrit de Králové Dvor, cette découverte suffirait à lui assurer un souvenir durable et la reconnaissance de tout Tchèque patriote.

Le biographe de 1896 s'exprime sur un tout autre ton et se montre fort sévère pour Hanka. Tout en reconnaissant les services qu'il rendit à sa bibliothèque, il rappelle les falsifications dont il fut accusé et dont quelques-unes sont absolument démontrées, les préventions que Hanka finit par faire naître chez quelques-uns de ceux qui avaient été ses plus chauds partisans et il n'hésite pas en somme à flétrir sa mémoire.

Nous nous trouvons ici en présence d'un singulier cas de psychologie. Il est fréquent de voir des faussaires fabriquer des objets d'art, des médailles, des manuscrits, dans un esprit de lucre, pour les vendre à des amateurs ou même à des collections publiques. En faisant ses faux ou en y collaborant, Hanka ne pouvait guère espérer en retirer grand profit (le manuscrit de Králové Dvor, plusieurs fois réimprimé, put cependant être d'un assez bon rapport). On était à l'époque de la renaissance de la nation tchèque, à la *Stum-und Drangperiode*, dont elle devait sortir régénérée. Pour cette lutte pacifique, Hanka crut devoir lui fournir des armes; il s'inspira du poète :

Dolus an virtus quis in hoste requirat ?

et réellement il augmenta par des procédés peu loyaux l'énergie de sa nation et sa confiance en elle-même. On conçoit qu'aujourd'hui encore certains patriotes n'aient pas le courage de le blâmer trop fortement. On a vu dans la vie politique débuter par un acte absolument déloyal des guerres qui ont fait la fortune des hommes d'État qui ont eu la témérité et la mauvaise foi de les entreprendre.

II

Après la mort de Hanka, ses papiers et ses livres furent achetés par la Bibliothèque dont il avait été si longtemps conservateur, pour une somme de cinq cents florins. On a déjà extrait de ces papiers quelques lettres adressées à divers savants qui ont été publiées dans la *Revue du Musée de Prague* (correspondance avec Dobrovsky, 1870 ; correspondance avec Kollar, 1893) et dans le *Sbornik Slovansky* (Recueil slave) dirigé par feu Édouard Jelinek. Depuis longtemps on avait exprimé le désir de voir paraître en entier cette correspondance si importante pour l'histoire de la renaissance intellectuelle des pays slaves et des études philologiques. Grâce à une subvention de l'Académie des Sciences de Saint-Pétersbourg, le professeur Frantsev, de l'Université de Varsovie, a pu entreprendre une publication devant laquelle avaient jusqu'ici reculé les savants indigènes.

Telle qu'elle se présente à nous, cette correspondance constitue un répertoire des plus précieux pour l'histoire de la science slave dans la première moitié du dix-neuvième siècle. Un trait commun caractérise tous les correspondants ; sauf de très rares exceptions ils ne font jamais allusion aux événements politiques ; leurs lettres s'occupent uniquement de questions de philologie, d'histoire et de librairie.

Les réponses de Hanka sont disséminées dans tous les centres intellectuels du monde slave et une grande partie en est sans doute aujourd'hui perdue. M. Frantsev a été assez heureux pour mettre la main sur un certain nombre de brouillons de ses lettres ; ils attestent la parfaite conscience avec laquelle il répondait aux questions qui lui étaient posées ou accomplissait les commissions dont il était chargé. Étant donné le prix des ports de lettre en ce temps-là, cette correspondance devait être quelque peu onéreuse ; Hanka était évidemment dédommagé par le bénéfice des envois de librairie ; il était en général l'éditeur de ses livres et avait contribué à leur assurer en dehors de la Bohême une large clientèle. Ses correspondants étrangers inquiétaient particulièrement l'opinion publique en Allemagne et en Hongrie ; on voyait en eux des agents panslavistes. Si parfois le cabinet noir de

Vienne — ou peut-être de Berlin — a ouvert leurs missives, j'imagine qu'elles ont dû rassurer les plus inquiets.

Les correspondants les plus habituels de Hanka furent, pour la Russie Berg, Bodiansky, Hilferding, Dobrovsky, Kœppen, Martynov (ce savant jésuite, que beaucoup d'entre nous ont connu à Paris, collaborateur assidu de la *Revue des questions Historiques* et du *Polybiblion*), A. S. Norov, Pogodine, Sreznevsky, le comte Ouvarov; parmi les Polonais, Bielowski, Helcel, Kirkor, Kucharski, Loboïko, Maciejowski, Cybulski, Dunin Borkowski, Jastrzembski (je cite ces noms dans l'ordre alphabétique que leur impose l'alphabet russe); parmi les Slaves méridionaux, Aprilov Berlic, Stanko Vraz, Karadjitch, Kurelac, Levstik, Metelko, Pierre Niegoch, le vladika du Monténégro, Miloch Obrenovitch, le prince de Serbie, François Racki, le futur secrétaire de l'Académie sud-slave; parmi les Petits-Russiens, Golovatsky, Zoubritsky; parmi les Vendes de Lusace, qui, par cela même qu'ils étaient une très petite nation, s'intéressaient vivement à la littérature panslaviste, Hornik et Schmaler.

Parmi les correspondances, celles qui offrent l'intérêt le plus considérable au point de vue général, ce sont naturellement celles des Russes et des Polonais. Chez les Russes, Hilferding (bien que d'origine israélite), Berg, Bodiansky, Vostokov (bien que d'origine allemande, — il s'appelait primitivement Osteken), Kœppen (d'origine allemande comme Vostokov), Pogodine,

Sreznevsky, furent des apôtres passionnés du slavisme littéraire et philologique.

La Russie, sous le règne de Nicolas, envoyait de jeunes savants à l'étranger pour les préparer à occuper les chaires qu'elle songeait à fonder dans ses universités. L'opinion publique s'inquiéta plus d'une fois en Occident de ces missions auxquelles elle prêtait volontiers un caractère politique. J'ai eu bien souvent à combattre ce préjugé. La lecture des correspondances publiées par M. Frantsev me donne complètement raison. Dans les lettres de Bodiansky, datées pour la plupart de Moscou, ville où ce savant créa l'enseignement de la philologie slave, il n'est guère question que de commissions de librairie, du zèle que les étudiants montrent pour la science nouvelle de la slavistique. Dans les commandes de librairie, le manuscrit de Králové Dvor joue toujours un rôle considérable.

A la date du 23 juin 1847, Bodiansky n'en commande pas moins de vingt exemplaires. L'Évangéliaire de Reims, édité par Hanka en 1846, a été expédié par lui d'office à Moscou, à raison de deux cents exemplaires. Au bout de onze mois, il s'est présenté un acquéreur, un comte Dimitri Tolstoï, le même, je crois, qui a été depuis ministre de l'Instruction publique. En cinq mois, Bodiansky réussit péniblement à placer sept exemplaires. Si je suis bien informé, actuellement, les deux cents exemplaires ne sont pas complètement épuisés. Bodiansky, désespéré du peu de succès de l'opération écrit au mois de juin 1850 pour demander à Hanka s'il ne conviendrait pas d'envoyer à Kiev le stock invendable du malencontreux Évangéliaire. En revanche il redemande des « Manuscrits de Králové Dvor ».

L'homme est de glace aux vérités ;
Il est de feu pour le mensonge,

disait notre bon La Fontaine. Bodiansky, non plus que les autres correspondants, ne s'occupe pas de politique, mais il ne peut s'empêcher de gémir de la censure russe, qui ne lui laisse pas les mains libres, même pour publier un texte religieux du quinzième siècle. De temps en temps, il recommande à Hanka tel de ses élèves et le prie de le mettre en garde contre le cosmopolitisme qui exerce tant d'attraits sur ses jeunes compatriotes.

Les lettres du jeune Sreznevsky sont les plus nombreuses, je n'ose dire les plus intéressantes, car dans le volume il n'est aucune page qui n'ait son intérêt particulier. Ismaïl Ivanovitch Sreznevsky (né en 1812, mort en 1886), qui mourut professeur à l'Université de Saint-Pétersbourg et membre de l'Académie des Sciences, fut en Russie l'un des apôtres les plus ardents et l'un des propagateurs les plus zélés de la slavistique. Je n'oublierai jamais avec quelle affectueuse bonté il m'accueillit lors de mon premier séjour à Pétersbourg, en 1872, et plus tard en 1874, au Congrès archéologique de Kiev, où il me fit nommer secrétaire de la section qu'il présidait (1).

(1) On peut consulter sur Sreznevsky mes *Souvenirs d'un Slavophile* (Paris, 1905).

Originaire de la Petite Russie, il y eut toujours en lui cette vivacité d'imagination, cette chaleur d'esprit qui, même en Russie, caractérise les hommes du Midi; il avait gardé à Hanka une profonde reconnaissance et lui a consacré au moment de sa mort des pages émues (*Souvenirs sur Vacslav Hanka*, 1861). Hanka avait un album qui a été conservé et sur lequel chacun des hôtes slaves inscrivait quelques lignes. Sur cet album Sreznevsky avait écrit en 1847 :

Je conserverai toujours un profond respect pour vos mérites et une profonde gratitude pour votre bienveillance.

Lorsqu'il revint à Prague en 1860, les attaques de Miklosich, de Hanus et de beaucoup d'autres n'avaient point modifié ses sentiments. Il écrivait sur l'album :

Je ne puis exprimer en paroles mon respect et ma reconnaissance pour vous ni celle de ma famille. Je ne puis vous assurer que d'une chose, c'est que nous vous aimerons toujours et nous nous souviendrons toujours de vous.

La correspondance de Sreznevsky va de 1840 à 1860. Au début Sreznevsky est un jeune étudiant plein d'ardeur. Il parcourt la Bohême, la Moravie, la Silésie prussienne, le pays des Vendes ou Serbes de Lusace; il rend compte à Hanka de ses observations et de ses découvertes; il rencontre par exemple à Bautzen l'infatigable apôtre de la renaissance serbe, Schmaler; il parcourt à pied le pays avec lui et il rend un respectueux hommage à son zèle pour la résurrection du slavisme dans les pays vendes. Dans une lettre datée

de Vienne, 22 février 1841, il félicite chaleureusement
Hanka de son élection comme membre correspondant
de l'Académie des Sciences de Saint-Pétersbourg :

> Ce choix nous atteste que notre Académie commence à se
> slaviser.

Pour comprendre ce mot, il faut se rappeler qu'à
cette époque-là, l'académie de Saint-Pétersbourg était
en grande partie allemande.

J'ai déjà noté plus haut l'antipathie de Kopitar
pour Hanka. Sreznevsky va chez Kopitar, mais il ne
peut arriver à se plaire dans la compagnie du slaviste
viennois : « Il ne me va pas, dit-il. Vouk (1) le loue
beaucoup et déclare que c'est un très honnête homme
C'est possible, mais ses écrits et ses procédés de conversation me détournent de lui. »

Sreznevsky entreprend un voyage chez les Slaves
méridionaux, que Hanka n'avait jamais visité et il lui
adresse des notes détaillées qui ont encore aujour-
d'hui leur intérêt pour l'histoire de la renaissance
illyrienne, des observations piquantes sur les mœurs
et la vie sociale. Il pénètre jusqu'au Monténégro et il
constate avec joie que le nom de Hanka est connu
même du prince évêque de ce pays peu civilisé.

> Qui ne vous connaît, qui ne vous estime, vous qui le
> premier avez fait connaître à l'Europe les trésors de l'an-
> cienne littérature tchèque? A propos de ces trésors on s'est
> plaint à Raguse d'être dans l'impossibilité d'obtenir un seul

(1) Vouk Karadjitch, le célèbre écrivain serbe.

exemplaire du manuscrit de Králové Dvor. Je vous en prie, envoyez quelques exemplaires à l'abbé Nicolaevic et à l'avocat Kaznacic.

A Zagreb (Agram) il assiste aux pénibles débuts du théâtre national : « On joue un drame historique, *le Siège de Sigeth*. Les artistes croates jouent en croate et les artistes qui représentent les Turcs... en allemand. » Il pousse jusqu'à Belgrade et de là retourne à Vienne. Il envoie à Hanka de précieuses indications bibliographiques sur la jeune littérature serbe, alors fort peu connue. Quelques-unes de ces lettres semblèrent si intéressantes à Hanka qu'il les traduisit et les publia en 1842 dans la *Revue du Musée de Prague*. L'une d'entre elles renferme une véritable monographie du Monténégro.

Malgré l'intérêt que lui offre Vienne, Sreznevsky a la nostalgie de Prague :

Il ne peut, dit-il, y avoir aucune comparaison entre les deux villes. Chez vous, à Prague, je ne vis pas seulement par la tête ; à Vienne je ne vis même point par la tête, mais par des questions, crayon et papier en mains. Prague est pour moi une ville sainte et je ne puis appeler Vienne qu'un livre utile que je puis lire, mais non pas acquérir. J'espérais avoir terminé la lecture du livre (1) le 26 et pouvoir être à Prague pour le bal tchèque. Cela s'est trouvé impossible et c'est avec chagrin que j'ai renoncé à mon espoir.

Cette lettre est datée du 9 février 1842. On commence à Prague à s'occuper de l'Évangéliaire de

(1) C'est-à-dire le séjour à Vienne.

Reims. Sreznevsky presse Hanka de questions à ce sujet.

Dans une lettre datée de Breslau (1er avril 1842) il annonce à son correspondant qu'il est décidé à publier un recueil dont le titre serait *les Nouveautés de la littérature russe et des autres littératures slaves*, et il envoie le programme de ce recueil qui, à ma connaissance, n'a jamais paru.

Rentré à Kharkov, où il crée l'enseignement des littératures slaves, il n'oublie pas celui qui a été pour lui le premier initiateur; il le tient au courant de son enseignement et des nouveautés littéraires qui peuvent l'intéresser. En fait de textes tchèques il interprète le manuscrit de Králové Dvor (alors classique dans tout le monde slave) et la *Fille de Slava* du poète Kollar. Dans une lettre datée du 3 août 1844 Sreznevsky informe Hanka qu'il a reçu du ministre de l'Instruction publique (c'était le comte Ouvarov) un exemplaire de l'Évangéliaire de Reims (édition Sylvestre en fac-similé). Il m'a raconté lui-même, depuis, que cet exemplaire lui avait été adressé par ordre de l'empereur Nicolas aux frais duquel avait été publiée cette édition, fort belle pour l'époque (1).

Il entretient Hanka de ses travaux personnels, notamment d'un dictionnaire de l'ancienne langue russe dont il s'occupait dès 1846 et qui a paru bien longtemps après la mort de l'auteur, sous les

---

(1) Sur cette édition, voir ma notice sur l'*Évangéliaire slavon de Reims* (Reims, Michaud, 1899), pp. 28-31 et dans le *Monde Slave* (2e édition, Hachette, 1902).

auspices de l'Académie de Saint-Pétersbourg. A diverses reprises il demande à Hanka des recommandations pour son ministre de l'Instruction publique ; on peut juger, par ce simple détail, de quel prestige jouissait Hanka à Saint-Pétersbourg ; il était considéré comme le grand maître, le consul général de la slavistique. C'est à lui que tous les étudiants de cette science nouvelle venaient demander conseil et protection.

En 1847 Sreznevsky est nommé professeur à Saint-Pétersbourg ; il rend compte à Hanka du programme de son enseignement. En 1849, il a un fils et lui donne le nom de Viatcheslav (en tchèque Vacslav) qui est précisément le nom de Hanka : « Puisse-t-il être tel que le premier Viatcheslav que j'ai connu ! » Si je suis bien informé, ce fils vit encore aujourd'hui ; lui aussi est entré dans l'enseignement et il a fait honneur au nom de son père. A l'instigation de Sreznevsky un jeune Bulgare traduit en sa langue maternelle le manuscrit de Králové Dvor. Le zélé professeur fait part à son maître des résultats de son enseignement, des examens de ses élèves. Il propage avec ardeur parmi eux l'édition polyglotte du fameux manuscrit. Ce n'était pas d'ailleurs un mauvais moyen de leur faire prendre goût aux langues slaves.

La dernière lettre de Sreznevsky est datée de Dresde le 15 juin 1860. Hanka mourut au commencement de l'année suivante : ainsi jusqu'à la fin de sa vie le savant russe est resté fidèle à celui qu'il considérait comme son maître et son initiateur.

Dans cette longue et si variée correspondance les témoignages analogues se multiplient à l'infini. Ils ne s'adressent pas seulement à Hanka, mais à cette ville de Prague qui était alors un foyer si vivant de recherches et d'études. Les représentants de peuples les plus divers et les plus divisés, par exemple les Russes et les Polonais, au lendemain de la révolution de 1830 rivalisent d'affection et de respect pour Hanka.

L'espace me manque pour dépouiller la correspondance de savants tels que Kucharski, Hube, Maciejowski, dont les travaux ont fait date dans l'histoire de la science en Pologne. Pour intéresser l'attention du lecteur à un sujet qui nous touche de près et dont j'ai eu l'occasion de m'occuper à diverses reprises, je me contenterai d'analyser rapidement ici la correspondance de deux savants distingués, l'un Polonais, l'autre Russe, correspondance relative à notre Évangéliaire de Reims.

J'ai eu l'occasion de parler rapidement de Jastrzembski dans mon introduction à l'*Évangéliaire de Reims* (p. 28). Je ne connaissais pas la correspondance alors en partie inédite que M. Frantsev nous donne aujourd'hui. J'ignorais totalement que le père Martynov avait eu l'idée de publier le manuscrit et avait été en relations avec Hanka. Je suis heureux de pouvoir combler cette lacune.

Louis-Corvin Jastrzembski, né en 1805, mort en 1852, était un Polonais qui avait achevé ses études à Paris ; il avait étudié la paléographie, et avait été, je crois, élève de l'École des chartes. Il eut le mérite de reconnaître le premier que la seconde partie du fameux manuscrit était écrite en caractères glagolitiques. Il se mit en rapport avec Kopitar à Vienne et avec Hanka à Prague. Ses lettres à Hanka vont de 1840 à 1847. Elles attestent le vif intérêt que le monde slave prenait à cette époque à un document dont on a en somme exagéré la valeur. Ce n'est pas Jastrzembski qui a commencé la correspondance. Elle a été provoquée par une lettre de Hanka qui ne nous a pas été conservée. Jastrzembski lui répond le 10 juillet 1840 :

Notre *Texte du sacre* a éveillé la curiosité publique. Certains écrivent de Prague à mes connaissances pour faire envoyer une copie du manuscrit de MM. Safarik ou Palacky ; mais ils ne sont pas au courant de ces questions (1) et je doute qu'ils puissent répondre à ce qu'on attend d'eux. D'autres s'adressent à Lelewell; il me renvoie les curieux. De Pétersbourg on écrit à M. Sylvestre pour lui demander d'envoyer des exemplaires de son fac-similé en Russie ; et voici qu'un Moscovite est déjà arrivé à Reims...

Jastrzembski raconte à Hanka ses conversations avec Sylvestre, qui se déclare prêt à entreprendre l'édition si on peut lui garantir une somme de 12.000 francs (2) ou 150 souscripteurs à 100 francs.

(1) Jastrzembski se trompe en ce qui concerne Safarik. L'auteur des *Antiquités slaves* et des *Recherches sur l'alphabet glagolitique* était parfaitement en état de déchiffrer et de publier des manuscrits slavons.
(2) Cette somme fut garantie par l'empereur Nicolas. L'édition fac-similé de 1899, exécutée en héliogravure et accompagnée de miniature, a coûté environ 14.000 francs. Sur 115 exemplaires tirés, 105 ont été presque immédiatement souscrits.

Jastrzembski se déclare prêt à s'occuper de l'édition au point de vue paléographique. Mais il prie Hanka de vouloir bien écrire les Prolégomènes. On sait que ces Prolégomènes furent écrits par Kopitar.

Une seconde lettre, datée d'octobre 1841, sembla si intéressante à Hanka qu'il la traduisit comme il avait traduit certaines lettres de Sreznevsky et la publia dans les *Mémoires de la Société royale de Prague* (année 1842).

Dans une lettre datée du 13 décembre 1841 je trouve une indication assez curieuse :

Un jeune comte français slavophile, qui demeure à quelques milles de Paris, m'écrit pour me parler de sa riche bibliothèque, dans laquelle il y a, paraît-il, plus de 400 volumes dans les diverses langues slaves et en outre quatre manuscrits slaves dont trois liturgiques et le quatrième relatif à l'histoire.

A propos de cette curieuse indication M. Frantsev cite une note qu'il a trouvée dans les papiers de Safarik : « Jastrzembski m'a raconté qu'il y avait chez un comte de la Fekté (*sic*) huit manuscrits slaves qu'il n'a pu examiner parce que les ressources lui manquent pour faire le voyage. La Fekté l'a invité par lettres... à faire ce voyage. »

Ce comte de la Fekté est très probablement le comte de la Ferté Senecterre, qui possédait une magnifique bibliothèque dont le catalogue a été publié après sa mort et dont la vente, qui eut lieu vers 1873, fit événement dans le monde des bibliophiles. Il avait en toutes langues et même dans les langues slaves des livres fort rares, des éditions princeps. Mais je n'ai aucun souvenir des manuscrits slaves et je ne crois pas qu'ils eussent grand intérêt (1).

Jastrzembski n'entretient pas seulement Hanka de l'Évangéliaire de Reims. Il lui communique d'autres nouvelles. A propos de la publication des deux premiers volumes du cours professé au Collège de France par Mickiewicz, il lui écrit :

Il vient de paraître deux volumes du cours de Mickiewicz. Je suis infiniment curieux de savoir ce que vous pensez de ce cours. A mon avis il y a beaucoup de belles remarques générales, il y a beaucoup d'observations justes et sévères sur quelques œuvres d'art; mais il y a aussi beaucoup d'inexactitudes historiques, beaucoup d'applications inutiles des doctrines de Towianski, et par exemple l'immixtion dans la littérature de je ne sais quel messianisme est quelque chose de grotesque. Aujourd'hui Mickiewicz est devenu méconnaissable pour ceux qui le connaissent depuis longtemps; il ne pense qu'à la doctrine de Towianski; il ne parle que d'elle... Il est difficile de prévoir ce que sera la fin de tout cela, mais il est probable que, comme beaucoup de projets de réforme sociale et religieuse cette doctrine n'aura qu'un temps et disparaîtra.

On ne saurait mieux dire et le jeune Jastrzembski

(1) La vente de cette bibliothèque a eu lieu par les soins du libraire Cossonnery le 15 avril 1873 et jours suivants à la salle des Bons-Enfants. Le catalogue, que j'ai eu longtemps, mais que j'ai malheureusement détruit, formait un volume de plus de 300 pages.

faisait preuve d'un bon sens alors bien rare chez ses mystiques compatriotes (1).

Dans la même lettre Jastrzembski nous donne l'occasion de constater qu'il n'a pas encore de notions bien critiques en matière de paléographie slave :

On m'a apporté il n'y a pas longtemps, écrit-il, un manuscrit slave du dix-septième siècle écrit en runes. On ne savait pas ce que c'était que cet écrit. Mais on m'a demandé un prix trop élevé. C'est une histoire de la princesse Olga.

Nous savons fort bien aujourd'hui qu'il n'y a jamais eu de manuscrits slaves en caractères runiques. Jastrzembski a-t-il pris pour des runes des caractères qu'il ne pouvait pas déchiffrer ? Peut-être bien a-t-il lu *runiques* là où il y avait tout simplement *russiques*. Peut-être est-ce tout simplement de la part de l'éditeur une faute de lecture ou de la part du typographe une faute d'impression.

A la date du 12 septembre 1843 Jastrzembski nous apprend qu'il voudrait bien faire à Paris une édition de l'Évangéliaire de Reims, mais qu'il est fort embarrassé ; l'Imprimerie royale n'a que de mauvais caractères slavons cyrilliques et glagolitiques et point de compositeurs capables de les manier. Il songe à publier son édition en caractères latins, avec la transcription tchèque ou polonaise, et il demande conseil à Hanka.

(1) Sur ces aberrations de Mickiewicz on peut consulter mon étude sur *la Chaire de littérature au Collège de France* dans *Russes et Slaves*, 2ᵉ série. Un volume in-12, Paris, librairie Hachette et Cⁱᵉ, 1896.

Nous ignorons ce que Hanka lui répondit. Ce qu'il y a de certain c'est que le projet ne fut pas réalisé.

Dans sa lettre du 8 octobre 1843 Jastrzembski revient encore sur la bibliothèque de ce comte français (La Ferté Senecterre), qu'il a eu l'occasion de visiter. Il y a découvert un très beau psautier glagolitique, que le propriétaire prenait pour de l'arabe, quatre manuscrits slavons du seizième et du dix-septième siècles et plus de quatre cents volumes imprimés dans les divers dialectes slaves (notamment la première Bible tchèque).

La dernière lettre de Jastrzembski à Hanka est datée de Rome, 1er août 1847. Jastrzembski s'occupe de recherches sur l'histoire de l'Église slave. Il demande à Hanka ce que l'on dit à Prague de Mickiewicz et des aberrations qui ont eu pour conséquence de l'obliger à descendre de sa chaire :

C'est un malheur, un grand malheur pour tout le monde slave. *Sic transit gloria mundi.* Je n'ai encore rien lu des cours de Cyprien Robert, mais, connaissant ce monsieur de près et depuis longtemps, je n'ai pu découvrir chez lui aucune connaissance des choses slaves (1) ; je n'attends donc rien de grand ni de sérieux de son enseignement : quel désastre pour nous ! Cette chaire de Paris devenue orpheline est tombée aux mains d'un charlatan étranger qui ne sait

(1) Ce jugement est loin d'être juste. Cyprien Robert ne connaissait guère que les Slaves méridionaux, mais il les connaissait bien. Voir dans mon étude sur *la Chaire de littérature slave au Collège de France* (*Russes et Slaves*, 2ᵉ série, p. 233 et suivantes) les détails que j'ai donnés sur lui.

même pas un seul dialecte slave. J'aimerais mieux la voir vide que si mal occupée.

Ainsi d'après Jastrzembski un *Français* était un *étranger* dans une chaire du Collège de *France*. C'est un peu fort ! Peut-être rêvait-il d'occuper cette chaire et il eût été assurément mieux qualifié que beaucoup de ses compatriotes. Malheureusement ce savant, dont les débuts avaient donné de si belles espérances, était d'une santé fort délicate. Il se tua à Rome en 1852 dans un accès de démence. Il n'avait pas pu échapper à cette épidémie morale contre laquelle il avait tenté de mettre en garde ses compatriotes.

Le père Ivan Matvieevitch Martynov rêva lui aussi de donner une édition de l'Évangéliaire de Reims. Sa vie a été plus longue que celle de Jastrzembski. Né à Kazan en 1821, mort à Cannes en 1894, il avait abjuré l'orthodoxie, était entré dans l'ordre des jésuites et avait fait de la France sa patrie d'adoption. Vers 1856 il était allé à Prague et avait fait la connaissance personnelle de Hanka. Il s'était vivement intéressé au mouvement scientifique dont Prague était alors le théâtre. Sa correspondance avec Hanka va d'octobre 1856 à la fin de l'année 1859. Elle constitue une nouveauté fort importante, même pour ceux qui, comme moi, ont connu personnellement le père Martynov. Elle nous montre le savant jésuite préoccupé d'une foule de projets dont aucun ne devait se réaliser.

Il rêve de fonder à Paris une imprimerie russe, une revue scientifique russe, une société d'édition analogue à la *Matice* tchèque ; il se demande par quels moyens et il applique à ses projets chimériques le vers célèbre de la scolastique :

Quis ? quid ? ubi ? quibus auxiliis ? cur ? quomodo ? quando ?

Il veut faire graver à Paris de nouveaux caractères russes. Il veut publier une édition française des *Institutiones linguæ slavicæ* de Dobrovsky. Il s'intéresse tellement aux travaux des savants tchèques qu'il devient membre de leur *Matice* et qu'il s'abonne à leur *Revue archéologique*. En annonçant la publication prochaine de son utile travail *les Manuscrits slaves de la Bibliothèque Impériale de Paris*, travail qui a paru en effet en 1858, il annonce qu'il publiera un recueil d'extraits de ces manuscrits. Ce recueil n'a jamais paru (1).

Au mois de septembre 1858 il apprend à Hanka qu'il va se rendre à Reims pour examiner le fameux Évangéliaire. L'édition de Sylvestre lui paraît *trop belle*. Il se désespère des difficultés qu'il éprouve à poursuivre ses études à Paris. « Ce n'est pas un métier que d'être slaviste ici. Même pour son argent on ne peut

(1) En 1866, à l'époque où je préparais mon travail sur *les Apôtres slaves Cyrille et Méthode*, je fus présenté au père Martynov et lui demandai quelques indications bibliographiques ; il m'accueillit assez froidement et se déroba à mes questions. J'ai compris depuis la raison de cette froideur. Il méditait dès ce moment une *Histoire des Apôtres slaves* qui n'a jamais paru. Bon ou mauvais, mon travail parut dès 1868. Le père Martynov était un savant de grande valeur, mais qui ne savait point aboutir.

obtenir les livres dont on a besoin. » Il se plaint aussi de n'avoir pas avec qui parler. Le fait est que dans ce temps-là les slavistes étaient rares à Paris.

Son excursion à Reims l'a convaincu de la nécessité d'entreprendre une nouvelle édition du manuscrit ; il a constaté beaucoup d'erreurs dans le calque de Sylvestre ; il n'ose pas les publier, de peur de faire de la peine à l'un des éditeurs, dont il est l'ami. (Je suppose que cet éditeur est Louis Paris, qui avait rédigé la préface de cette édition fac-similé, préface où se rencontrent d'ailleurs de nombreuses erreurs, mais qui ne pouvait être responsable des mauvaises lectures de Sylvestre.)(1) Il annonce l'intention d'éditer le texte, s'il l'édite, dans une transcription en caractères latins avec les signes diacritiques tchèques :

Le temps est venu pour nous, Russes, d'adopter pour notre écriture la mode occidentale et de nous rapprocher ainsi de vous et du reste de l'Europe. Il paraîtra bientôt à Paris un nouvel essai de ce genre.

Je ne sache pas que cet essai ait jamais paru.

Quelques lignes plus bas, l'excellent père Martynov annonce à Hanka qu'il a l'intention de publier l'Évangile (slavon) dit *d'Assemani*, « bien que la Bibliothèque du Vatican soit assez peu accessible ».

Encore un rêve qui ne devait pas se réaliser. L'Évangile dit *d'Assemani* a été publié deux fois du vivant

(1) Voir mon Introduction à l'*Évangéliaire de Reims* (p. 31). Par égard pour mon ami Gaston Paris, j'ai passé très légèrement sur les « erreurs » de son parent.

du père Martynov : une première fois par le cha-
noine Racki, à Zagreb, en 1865, une seconde fois
en transcription latine par Crncic, à Rome, en 1878.
Mais le savant jésuite n'a été pour rien dans ces deux
éditions.

Une lettre particulièrement intéressante est celle du
25 septembre 1859. Le père Martynov y fait l'essai de
la transcription latine qu'il prétend appliquer à la
langue russe avec l'emploi des caractères tchèques. Il
s'en tire fort bien ; cette lettre est écrite à Hanka peu
de temps après le procès auquel j'ai fait plus haut
allusion et dont Hanka était sorti triomphant.

Le bruit de votre procès, écrit le père Martynov, est arrivé
jusqu'à moi de différents côtés et m'a vivement affligé comme
il affligera tous ceux qui vous connaissent ne fût-ce que par
vos œuvres. Évidemment Dieu a cru devoir vous mettre en
garde contre un amour-propre exagéré ou vous rappeler
qu'il éprouve ceux qu'il aime...

Et il revient sur son rêve favori, l'idée de donner une
édition des deux Évangéliaires d'Assemani et de Reims,
et il ajoute : « Le labeur est infini et je n'ai que deux
mains. »

Que devait penser Hanka dans son for intérieur
quand il recevait de telles lettres ? Quel drame se jouait
dans le fond de sa conscience ? Nous ne le saurons
jamais. Il a joué son rôle jusqu'au bout, et s'il a jamais
eu des remords, il a emporté le secret dans la tombe.

IV

UN HISTORIEN, VACSLAV TOMEK.

Vacslav Vladivoj Tomek a été l'un des historiens les plus laborieux de la Bohême, l'un des agents les plus actifs de la renaissance intellectuelle et politique de la nation tchèque au dix-neuvième siècle. Professeur à l'Université de Prague, membre de la Diète de Bohême, du Reichsrat autrichien, de la Chambre des Seigneurs, de l'Académie et de la Société royale des Sciences, il s'est montré partout le digne élève et émule de son illustre maître, l'historien national François Palacky. Palacky n'a pas laissé de mémoires et jusqu'ici on a publié qu'un seul volume de sa correspondance. Tomek lui, à dater de 1847, a eu l'idée de rédiger un cahier de notes où il a résumé les incidents les plus importants de sa vie pendant les périodes antérieures et qu'il a tenu ensuite au courant. Ces notes ne sont pas toujours fort intéressantes ; beaucoup d'entre elles ont un caractère purement intime et familial et ne méritaient point d'être publiées. En les supprimant, l'édition de ces mémoires aurait pu être réduite à un seul volume où tout eût été fort instructif. L'auteur nous raconte lui-même que ce qui lui a donné l'idée d'imprimer une forme définitive à ces mémoires, ce fut la perte de son épouse Ludmila arrivée en 1868. Il voulait surtout perpétuer le souvenir des journées vécues auprès de cette compagne chérie ; l'habitude une fois prise, il continua de rédiger jusqu'à l'année 1888.

Tomek était le fils d'un maître cordonnier de Hradec Králové, cette petite ville tchèque qui est si célèbre en Europe sous le nom tragique de Kœniggratz. J'y suis allé dernièrement et je puis affirmer *de visu et auditu* qu'elle ne justifie aucunement ce nom hybride dans lequel il y a un mot allemand qui est un contresens et un mot slave défiguré. Hradec Králové veut dire le Château de la Reine. En 1363 l'empereur-roi Charles IV avait assigné cette ville en apanage à sa femme Élise de Poméranie, qui y mourut en 1393, d'où le nom qui existe encore aujourd'hui. La traduction allemande exacte serait Kœniginburg. Gratz est une déformation du tchèque Hradec (prononcez *Hradets*), le château (1).

Vacslav Tomek était né en 1816 ; ses souvenirs les plus anciens remontent à l'année 1821. Il commença ses études dans sa ville natale. En ce temps-là, tout

(1) Comparez le serbe *grad* (Belgrade, la ville blanche), le russe *gorod*, etc. La ville de Gratz, en Styrie, a la même étymologie.

l'enseignement — qui se donne aujourd'hui en tchèque — se donnait en allemand.

A l'âge de quatorze ans, on l'envoya achever ses études à Prague. Sa condition était assez misérable. Il servait les séminaristes à table et se nourrissait des reliefs de leurs repas; de temps en temps on lui envoyait de la maison paternelle quelques miches, des vêtements, des chaussures.

L'argent était fort rare dans la poche de l'étudiant. Quand venaient les vacances, il s'en allait à pied à Hradec Králové, couchant sur la paille dans les auberges.

Pendant la seconde année de son séjour à Prague il eut la bonne fortune de donner quelques leçons qui lui étaient payées en nature : « On m'offrait, dit-il, tantôt un peu de café, tantôt un peu de soupe ou de viande. » En revanche, pendant la seconde année de philosophie, il eut le malheur de perdre les reliefs du séminaire. Mais il obtint sur le fonds de secours des étudiants pauvres une subvention de douze florins d'argent, ce qui lui faisait onze kreuzers par jour. Il était sobre : « Je n'ai jamais eu faim, dit-il, j'étais toujours bien portant et joyeux et je ne vivais que pour mes études. »

Dès cette époque, le goût de l'histoire s'était emparé de lui. Il faisait des extraits des livres d'histoire qui lui plaisaient le plus, de Schiller (*Histoire de la guerre de Trente ans*), de Walter Scott (*Vie de Napoléon*), et il trouvait le moyen de suivre des cours d'anglais et d'italien. Le régime sous lequel vivaient alors les divers pays autrichiens était celui d'un absolutisme patriarcal et peu intelligent. Beaucoup de livres étaient défendus, mais la jeunesse ne les lisait qu'avec plus d'ardeur. Tomek avait fait la connaissance d'un vieux médecin républicain qui se plaisait à chanter la *Marseillaise* à la face de deux gentilshommes français, compagnons d'exil de notre Charles X, qui vivait retiré à Prague au château du Hradchin (1).

Dès l'année 1834 la vocation historique du jeune Tomek commença à se dessiner. Il lui tombe en main une histoire de sa ville natale par un certain Bienenberg, et il entreprend de refaire ce travail. Il achète l'édition Tauchnitz des *Commentaires* de César — c'était pour sa petite bourse une très lourde dépense — et il les dévore avidement. L'année 1835 lui apporte une grande joie; grâce à ses bonnes notes, sur la recommandation de ses professeurs, il obtient de nouveau le dîner et même le souper chez les séminaristes. Il se présenta chez le supérieur, qui le loua fort de ses succès et l'engagea à entrer dans l'ordre des jésuites, qui recrutait tous les jeunes gens distingués et où l'on était assuré pour la vie du boire et du manger. L'étudiant ne se laissa point séduire par ces alléchantes perspectives. Il resta toute sa vie un catholique pratiquant, mais tolérant. S'il était entré dans l'ordre célèbre, il n'aurait probablement écrit ni son *Histoire de Prague*, ni surtout sa *Vie de Zizka*.

Pendant les vacances de Pâques, il va visiter le château d'Orlik, qui appartient à la famille Schwar-

(1) Voir sur ce château ma monographie, *Prague*, 1 vol. in-4º, Paris, Laurens (chap. IV).

zenberg. Il y contemple avec émotion des reliques na-
poléoniennes : un fusil à deux coups donnés par l'Empereur au prince de Schwarzenberg, ambassadeur à
Paris, un buste de marbre blanc qui représente le
souverain. C'était la première fois que Tomek voyait
la figure de Napoléon, et cette visite laissa dans sa
mémoire une trace ineffaçable. Le château d'Orlik
avait des archives importantes. « Je vis là pour la
première fois de vieilles chartes et j'appris que peu
de temps auparavant Palacky, l'historiographe du
royaume, était venu pour les consulter. »

Vers la même époque il commence à étudier sérieusement sa langue maternelle ; son éducation a été
tout allemande ; c'est tout juste si à l'école on lui a
appris le tchèque. Il ne l'a jamais écrit. Il n'est pas au
courant du mouvement de renaissance littéraire qui
s'est produit depuis une vingtaine d'années. Il est pénétré du généreux humanisme de Schiller et d'un
cosmopolitisme sentimental.

Dans les efforts des patriotes tchèques, je voyais une
tendance qui n'était pas d'accord avec les idées cosmopolites
qui dominaient la littérature autant que je la connaissais.
J'aimais les idées démocratiques et républicaines. Je ne les
trouvais pas chez les patriotes tchèques et je m'imaginais que, pour eux, il s'agissait uniquement de remplacer
les vocables allemands par les mots tchèques. Peu à peu,
certains détails que j'entendais raconter sur tel ou tel par-
tisan de notre langue m'amenèrent à changer d'idée. Jungmann (1), conduit par quelques amis sur le champ de ba-

(1) Philologue auquel on doit le premier grand dictionnaire de la langue tchèque.

taille de la Montagne-Blanche, avait pleuré au souvenir du désastre qui avait accablé la nation bohémienne. Svoboda (1), professeur au gymnase de la Vieille-Ville (2), avait fondu en larmes en dictant à ses élèves un devoir sur le règne de Charles IV. Ces récits exerçaient sur moi une action considérable. Je commençais à comprendre que ces hommes devaient avoir à cœur autre chose qu'une question de lexique. Ce qui m'éclairait encore plus, c'était mes études sur l'ancienne histoire de la Bohême. Je constatais — ce à quoi je n'avais jusqu'alors jamais réfléchi — que la langue allemande n'avait pas toujours été en usage en Bohême comme de nos jours, que le passé des Tchèques était tchèque, que Hus, Zizka, Georges de Podiebrad, que rois et nobles tchèques parlaient tchèque et non allemand. Ces réflexions m'amenèrent à conclure que l'on ne peut pas bien aimer sa patrie et son peuple sans aimer et sans cultiver la langue qui en est l'attribut spécial.

A Orlik, Tomek n'avait pas seulement fait connaissance avec la figure de Napoléon ; il avait rencontré un prêtre intelligent et patriote, l'abbé Rozsypal. Cet abbé lui apprit l'existence d'un certain nombre de publications tchèques qu'il ignorait encore, de la *Revue du Musée* (3), du Dictionnaire de Jungmann, et il lui inspira le désir de contribuer lui aussi au relèvement de la littérature nationale.

De retour à Prague, il s'exerça à traduire en tchèque des fragments de Jules César et des auteurs allemands et il se mit à rédiger en tchèque les notes quotidiennes qu'il avait jusqu'alors écrites en allemand.

(1) Sur Svoboda, voir l'étude sur *Vacslav Hanka*.
(2) Quartier de Prague.
(3) Revue scientifique qui existe encore aujourd'hui.

Dès ce moment, il conçut l'idée d'écrire en sa langue l'histoire des guerres hussites dans un style imité de Jean de Müller et d'après les idées dominantes de l'historien allemand Rotteck (1), qui était alors fort à la mode.

En 1836, il visite le fameux château historique de Karlstein (2) ; il a emporté avec lui la chronique de Hajek et il la lit sur le théâtre même des événements qu'elle raconte en son naïf langage.

Tout en étudiant le droit, il donne des leçons qui lui permettent de vivoter ; il se monte une petite bibliothèque, il s'abonne à des journaux tchèques. Il s'essaye bientôt à y écrire. Il publie des articles historiques et, pour se créer une individualité littéraire bien tranchée, il ajoute à son nom de Vacslav celui de Vladivoj, qui n'a guère été porté dans l'histoire que par un prince bohémien du onzième siècle. Vladivoj veut dire le maître des armées. « Je ne m'inquiétais point du sens de ce nom, dit Tomek ; je ne considérais qu'une chose, c'est qu'il me plaisait et que jusqu'ici aucun de mes amis ne l'avait porté. »

En 1837, l'étudiant en droit a la bonne fortune d'entrer comme répétiteur chez le célèbre Schafarik. Les appointements étaient bien modestes : quatre florins d'argent pour cinq leçons par semaine. Schafarik

______

(1) Historien allemand né en 1775, mort en 1810, auteur d'une *Histoire universelle* fort estimée.

(2) Sur Karlstein, voir, dans mon ouvrage *le Monde Slave* (2ᵉ édition, Paris, 1897), l'étude intitulée *De Paris à Prague*, et une vue du château dans *Prague*, p. 47.

vivait très pauvrement ; son logis se composait de trois pièces en tout, l'une pour lui-même, l'autre pour sa femme et sa belle-mère, la troisième pour l'écolier. Il n'y avait ni salon, ni salle à manger, mais c'était un grand honneur que de pouvoir fréquenter assidûment l'auteur des *Antiquités Slaves*, qui, cette année même, publiait son grand ouvrage.

Schafarik exerçait alors les pénibles fonctions de censeur. Elles le mettaient à de cruelles épreuves. Le jeune répétiteur venait précisément d'écrire pour une revue un important article sur les guerres hussites. Schafarik — qui était protestant — dut mettre son veto à cet article, et comme le jeune historien lui demandait la raison de ce veto, il se contenta de hausser les épaules en disant qu'il obéissait à ses instructions.

La lecture de l'important ouvrage de Palacky sur *les Anciens Historiens de la Bohême* (1) confirma encore Tomek dans sa vocation historique ; il se mit à copier des manuscrits du quinzième siècle, notamment le texte du chroniqueur Vincent de Brezov. Un déménagement de Schafarik lui donna l'occasion de mettre en ordre la bibliothèque du maître et de faire connaissance avec beaucoup d'ouvrages dont il ignorait même l'existence.

Le futur historien employait ses vacances à des

____

(1) « Würdigung der alten böhmischen Geschichtsschreiber » (Prague, 1830). Cet ouvrage a été réimprimé en 1869. Sur Palacky, voir le deuxième volume de mes *Études slaves* (Paris, 1880).

excursions pédestres où il se familiarisait avec la topographie et les monuments historiques de son pays. Je ne puis l'accompagner dans ces tournées. Voici cependant un détail curieux que je relève en passant Jean Hus a, pendant fort longtemps, été considéré comme un saint dans une grande partie de la Bohême. Le 16 août 1838, Tomek visita au village de Kopecek un clocher dont la cloche avait porté cette inscription :

SW. JANA HUSI

(saint Jean Hus). Mais il constata que le groupe SW. (Swaty, *saint*) et le nom de Hus avaient été effacés.

En 1839, Schafarik, qui était directeur de la Revue du Musée tchèque, inséra dans ce recueil un travail de Tomek sur *le Roi Jean à l'étranger* (1). C'était là un début fort encourageant. Mais l'histoire ne semblait pas devoir être pour le jeune débutant une carrière lucrative et il allait accepter un poste dans l'administration financière de la Galicie lorsqu'un de ses camarades le mit en rapport avec Palacky, qui cherchait tout ensemble un répétiteur pour son fils et un auxiliaire pour ses propres travaux. Décidément la chance lui souriait et à l'école de l'historien national il allait pouvoir suivre sa véritable vocation.

En 1840, un des représentants les plus distingués de la noblesse bohémienne, le comte Léo Thun, pria Palacky de lui indiquer un jeune homme capable de

—————

(1) Il s'agit du roi Jean de Luxembourg, le héros de Crécy.

mettre en ordre les archives de son château de Decin.
Palacky désigna Tomek. Il fut accepté, prit logement
au château et se mit énergiquement à l'œuvre, étudiant
non seulement les archives qui lui étaient confiées,
mais aussi la topographie de la région. A son retour à
Prague, tout en continuant à vivre de leçons particulières, il s'occupa à écrire une Histoire de la ville et de
la seigneurie de Decin : « C'est, dit-il dans ses mémoires, le premier de mes travaux qui ait quelque
valeur. Il m'a fait comprendre le rôle important que
joue la topographie dans l'histoire. »

Après avoir été pendant quelque temps clerc chez
un avocat, il fut employé dans les bureaux de la municipalité. Mais il sentait de plus en plus que l'histoire
était sa véritable vocation. En 1842, il publia une
petite *Histoire universelle* et en 1843 une *Histoire de
Bohême* qu'il a plusieurs fois remaniée et dont la
sixième édition a paru en 1898. C'est un livre classique.

A ce moment-là, on se préoccupait déjà de fêter
dignement le cinquième centenaire de la fondation de
l'Université de Prague. Palacky désigna Tomek pour
écrire l'histoire de cette illustre école. Il accepta ; mais
tout en préparant ce travail, il publia un certain
nombre d'écrits, notamment une *Histoire d'Autriche*,
qui, dans les deux langues tchèque et allemande, est
devenue aussi classique que son *Histoire de Bohême*.

« A dater de l'année 1842, écrit Tomek, j'ai commencé à vivre proprement pour l'histoire autant que
le permettaient les exigences de ma vie, auxquelles je
subvenais surtout par des leçons. »

Au début de cette année, une circonstance heureuse
lui permit de se dégager un peu de cette pénible servitude. A l'instigation du comte Frédéric Deym, un
certain nombre de membres de l'aristocratie bohémienne, des Clam Gallas, des Schwarzenberg, des
Auersperg, décidèrent de subventionner à leur frais
deux jeunes archivistes ; l'un fut Jaromir Erben, qui
devint depuis archiviste de la ville de Prague ; l'autre
fut Tomek. Ils touchaient par mois une indemnité de
20 à 35 florins. D'autre part, on promettait 1.000
florins d'honoraires pour l'histoire de l'Université. Ce
n'était pas la fortune, mais, étant données d'une part
la valeur de l'argent en ce temps-là, d'autre part les
modestes habitudes du jeune historien, c'était presque
la vie assurée.

Ce qui n'était point assuré, c'était la liberté de
l'écrivain. Tomek en avait fait pour lui-même l'expérience. Il la fit aussi pour son maître Palacky.

En 1844, Palacky entreprit un voyage d'études en
Italie. Il avait chargé son jeune adjoint de surveiller
l'impression du volume de son Histoire où il était
question de la période hussite. A propos, non pas
d'un passage original, mais d'une citation de Poggio
Bracciolino, sur Jérôme de Prague, il recevait du censeur une note ainsi conçue :

Le volume ne peut être autorisé qu'à condition de supprimer le passage signalé à la page 21. On ne peut autoriser
l'impression de la lettre de Poggio Bracciolino relative à
Jérôme de Prague, lettre à laquelle l'auteur paraît attacher
une si grande importance. On ne peut autoriser qu'à en

donner un extrait qui devra être soumis à une autorisation préalable et où l'on pourra mentionner les mérites de Jérôme qui n'ont point trait à ses rapports avec l'Église en tant que dialecticien, orateur, etc...

La lettre en question est reproduite au livre X, § 5 de l'*Histoire de Bohême*. Elle figure intégralement dans l'édition de 1870, que j'ai sous les yeux; j'imagine que parmi les passages interdits dans la première édition figurent des lignes telles que celles-ci. Jérôme interpelle les membres du Concile :

Homines estis, non dii, non perpetui, sed mortales ; labi, errare, falli, decipi, seduci potestis. Hic mundi lumina, hic orbis terrarum prudentiores esse dicuntur : maxime vos decet elaborare, ne quid temere, ne quid inconsulte aut quid preter justitiam faciatis... Indignum videtur, sapientiam tot virorum adversum me aliquid statuere præter æquitatem, non tantum re quantum exemplo nociturum.

Après cet épisode Tomek nous raconte comment il se rencontra chez Schafarik avec le professeur Klacel de Brno (Brünn), qui venait d'être destitué « pour cause d'idées exaltées, de panslavisme et de relations avec des gens d'attitude incorrecte ». Ce Klacel était un ecclésiastique, professeur au séminaire Brno, qui, dégoûté de l'Autriche, finit plus tard par émigrer en Amérique.

Vers 1845, les esprits commençaient à fermenter. On ne prévoyait pas la révolution qui devait éclater en France trois ans plus tard et déchaîner l'esprit de révolte dans une grande partie de l'Europe, mais on supposait que le cinquième centenaire de la fondation de l'Université de Prague, qui tombait précisément en 1848, serait le point de départ d'une ère de liberté.

Les renseignements que Tomek nous a fournis plus haut sur la vie matérielle de Schafarik et ceux qu'il nous présente sur son prorpe budget nous donnent une idée des conditions pénibles dans lesquelles se débattaient les adeptes des études slaves en Bohême :

J'avais reçu, dit-il, de 20 à 25 florins par mois pour mes travaux d'archiviste, 4 florins pour les leçons de Schafarik, en tout 25 à 35 florins par mois, plus quelques petits profits littéraires. Quand je cessai d'enseigner, je me trouvai privé des dîners qu'on me donnait dans les familles.

Parmi les progrès de l'esprit national que Tomek note au jour le jour, il signale à la date de 1846 la fondation du Cercle des bourgeois de Prague, qui donna un centre régulier de réunion aux patriotes réduits jusque-là à se rencontrer dans des cafés et des auberges.

Il nous présente dans ses mémoires un tableau fidèle de la révolution de 1848 ; mais ce tableau a été souvent retracé, notamment chez nous dans le récent ouvrage de M. E. Denis. Au milieu de cette époque de troubles, le cinquième centenaire de l'Université passa presque inaperçu. Les étudiants s'étaient constitués en légion académique et songeaient plus à l'histoire de l'avenir qu'à celle du temps jadis. L'*Histoire de l'Université*, rédigée en allemand par Tomek, parut au milieu de cette période troublée. L'auteur prit part aux délibérations préparatoires du Comité qui convoqua le congrès slave dont Prague fut le théâtre au mois de juin. Il fut membre de cette assemblée et il nous en retrace un tableau pittoresque. Il vit aussi se dresser les barricades et se développer l'insurrection qui eut pour résultat la dissolution du Congrès et le bombardement de Prague. Tomek venait précisément de se marier et ce fut dans des circonstances tragiques que sa jeune femme fit connaissance avec la capitale.

Le régime constitutionnel une fois inauguré, Palacky, le grand électeur de la nation tchèque, proposa son collaborateur comme député du cercle d'Opocno. Tomek fut élu et se rendit à Vienne, puis ensuite à Kromeriz (Kremsir) lorsque le siège du Parlement eut été transporté dans cette ville. Les pages qu'il consacre à ces deux assemblées appartiennent à l'histoire générale. La dissolution de la Diète de Kremsir le rendit à ses études historiques.

Sa situation était toujours fort précaire. Secrétaire de la *Matice* (1), auxiliaire de Palacky, il n'avait point encore trouvé dans l'enseignement la situation à laquelle il avait droit. Il multipliait les travaux historiques, publiait en tchèque et en allemand une grammaire de la langue bohémienne et restait fort incertain de son avenir.

Par bonheur l'empereur François-Joseph avait appelé au ministère de l'Instruction publique un gentilhomme bohémien, le comte Léon Thun, qui appré-

(1) Société pour la publication d'ouvrages littéraires et scientifiques.

ciait les travaux de Tomek et qui eut l'idée de lui confier une chaire à l'Université de Prague. A cette chaire devait être annexé un séminaire historique.

Pour mettre le futur professeur en état de remplir ses fonctions, une bourse de voyage lui fut attribuée. Les finances autrichiennes n'étaient pas prospères et la subvention était insuffisante. Palacky put, sur les fonds dont il disposait, offrir à son collaborateur une indemnité complémentaire pour copier à Paris des manuscrits concernant le Concile de Bâle qui l'intéressaient.

Tomek savait assez mal le français, surtout au point de vue de la conversation, mais il eut la bonne fortune de rencontrer à Paris, deux compatriotes, Rieger, l'homme d'État, le gendre de Palacky, et Antoine Springer, bien connu par ses travaux d'histoire et d'esthétique en allemand. Il s'installa dans un modeste hôtel du passage du Commerce et visita Paris sous la direction de ses deux compatriotes. A l'École des Chartes, il entra en rapport avec Guérard et Mas Latrie, qui lui expliquèrent l'organisation de l'École. Sur la recommandation de l'Ambassade d'Autriche, il obtint l'autorisation de prendre chez lui, à l'hôtel, les manuscrits qu'il était chargé de copier. Ses notes sur Paris sont assez succinctes. Il visita les Universités de Breslau et de Berlin. Il avoue qu'il n'a pas trouvé à Berlin une organisation pareille à celle de de l'École des Chartes de Paris. Ranke lui apprit qu'il exerçait parfois ses élèves à des travaux historiques, mais que faute de disciples, il n'avait point ce se-

mestre-là de séminaire. Koepke, Wattenbach firent
bon accueil à leur confrère bohémien, qui visita encore Gœttingue. Le ministre viennois fut particulièrement intéressé par le rapport de Tomek, qui à la fin
de l'année 1850 fut nommé professeur extraordinaire
d'histoire d'Autriche à l'Université de Prague avec
mille florins de traitement. Son cours commença au
mois d'avril 1851. Il avait lieu en langue tchèque. Il
en résulta une *Histoire de l'État autrichien*, qui parut
dans les deux langues en 1858. Le manuscrit eut
quelques démêlés avec la censure et l'ouvrage ne put
paraître sans certaines modifications. Il se distinguait
des manuels antérieurs en ce qu'il faisait une part
égale aux divers États ou peuples dont se compose
l'État austro-hongrois, et à ce point de vue il marque
une date dans l'historiographie.

Le nouveau manuel d'Histoire d'Autriche fut traduit en croate, en magyar, en italien.

Désormais l'historien était à l'abri de la misère. Il pouvait se livrer sans inquiétude à ses études favorites... autant du moins que la censure lui en laissait la faculté.
L'année même où il entrait à l'Université de Prague,
un de ses collègues, le philosophe Hanus, était brusquement destitué pour avoir enseigné avec trop d'indépendance les doctrines de Hegel.

En 1860, Tomek fut nommé professeur ordinaire.
Tout en écrivant des travaux de moindre importance,
il s'occupait à préparer l'œuvre à laquelle son nom
restera attaché, la grande *Histoire de la ville de
Prague*. La renaissance de la vie parlementaire en

Autriche après la guerre d'Italie faillit l'arracher à ses études. Il fut nommé député au nouveau Reichsrat autrichien, mais il s'en retira dès le mois d'avril 1863. En 1866 il fonda la Société historique de Prague dont il fut pendant de longues années le président. Il fait dans ses mémoires, sous l'année 1859, une allusion rapide à la guerre d'Italie, dans laquelle aucun des siens n'était intéressé. En 1866, il enregistre, impassible, les divers épisodes de la guerre contre la Prusse l'invasion de la Bohême et l'occupation de Prague. On sent très bien à le lire que son patriotisme bohémien n'est que médiocrement affecté des échecs de l'Autriche.

Le 8 juillet les Prussiens entrèrent à Prague. C'étaient des hommes de la landwehr, du tempérament le plus calme. Nous fîmes ce jour-là, avec ma femme, sans aucune difficulté, une longue promenade et nous vîmes partout circuler les postes ; les portes étaient partout occupées par les Prussiens et ils étaient en partie logés chez l'habitant ; mais ils ne nous gênèrent aucunement dans nos démarches.

Le 10 juillet parut dans les journaux un ordre du 9 en vertu duquel toutes les armes des particuliers devaient être livrées aux autorités militaires. Cet ordre causa quelque inquiétude à la Direction du Musée, où l'on conservait de vieilles armures. On se demanda s'il fallait les déposer aussi et le concierge de l'établissement vint me consulter à ce propos. J'allai trouver le directeur et nous allâmes à l'hôtel de ville demander la carte du bourgmestre, avec laquelle nous nous rendîmes chez le lieutenant-colonel Ramisch. Il nous reçut très courtoisement et nous remit un mot ainsi rédigé : « Les armes du Musée ne doivent pas être livrées. » A notre retour nous rencontrâmes le général prussien à cheval sur le pont.

Le même soir on lut sur les murailles la proclamation du commandant en chef « aux habitants du glorieux royaume de Bohême ». Elle rejetait la cause de la guerre sur le gouvernement autrichien, déclarait que la Prusse ne méditait aucune conquête, manifestait des sympathies pour les Tchèques et leur droit national et invitait les citoyens à ne pas s'enfuir par crainte de vexations. Si la cause juste de la Prusse triomphe — disait la proclamation — peut-être les Tchèques et les Moraves auront-ils un jour l'occasion de décider eux-mêmes librement de leur avenir.

En citant ces lignes, qu'il est en effet bien difficile de prendre au sérieux, Tomek ajoutait qu'elles ne provoquèrent que le sourire et qu'elles ne gagnèrent pas la moindre sympathie aux Prussiens. Ce qui fit au contraire un bon effet, ce fut le manifeste de l'empereur François-Joseph adressé le 10 juillet aux peuples autrichiens, manifeste où il se déclarait prêt à accepter la paix, mais à condition que les conditions fondamentales de l'empire, en tant que grande puissance, ne seraient pas compromises.

Au milieu de ces circonstances dramatiques, Tomek poursuivait sans relâche ses études sur l'ancienne topographie de Prague. Je faisais remarquer plus haut combien le patriotisme *autrichien* de Tomek paraissait avoir peu souffert des humiliations de l'empire. Je trouve, à la date du 5 septembre 1866, un passage qui vient à l'appui de mon observation. A cette date l'historien voyage dans le nord de la Bohême. Il arrive à Skalice (Skalitz), un endroit où trois mois plus tôt les Autrichiens ont subi un sanglant échec.

Il y avait là, dit-il, deux officiers prussiens, un capitaine, un lieutenant et un cadet qui voyageaient à travers les champs de bataille. Nous nous divertîmes bien avec eux.

L'Autriche vaincue, et désormais exclue de l'Allemagne, se trouvait dans la nécessité de faire des concessions à ceux de ses peuples qui avaient été jusqu'alors sacrifiés à la prépondérance germanique. Au mois d'octobre l'empereur vint visiter la Bohême et le ministère de l'Instruction publique annonça l'intention d'établir l'égalité des deux langues et l'ouverture de cours parallèles pour ' ntes les matières à l'Université. Tomek, pendant plusieurs années, prit une part considérable aux négociations qui amenèrent la fondation d'une Université tchèque absolument indépendante. Cette Université fut définitivement instituée en 1882. Tomek en fut le premier recteur (1). Détail curieux, durant sa laborieuse et pénible jeunesse il n'avait jamais trouvé le temps de passer son doctorat. On tint compte de l'énormité de son labeur scientifique et des circonstances exceptionnelles au milieu desquelles s'ouvrait la nouvelle Université. Elle a singulièrement prospéré depuis ses débuts. Elle compte aujourd'hui plus de quatre mille étudiants (2).

(1) L'élection se produisit dans des circonstances assez curieuses. Tomek avait pour concurrent le savant juriste Randa. Au scrutin ils obtinrent l'un et l'autre le même nombre de suffrages. On décida de tirer au sort entre les deux candidats et ce fut Tomek qui fut favorisé.

(2) J'ai publié une notice sur cette Université dans *la Revue internationale de l'enseignement supérieur* (février 1909). J'ignorais alors certains détails qui figureront dans la suite de mes *Souvenirs*.

Les mémoires nous fournissent des détails assez piquants sur les querelles qui se produisirent entre les deux Universités, l'ancienne, restée l'Université allemande, et la nouvelle qui, elle aussi, prétendait remonter jusqu'au quatorzième siècle. On ne pouvait naturellement improviser de toute pièce des édifices nouveaux et il fallait se partager à l'amiable ceux qui existaient déjà.

Un conflit s'éleva en ce qui concernait la jouissance de la grande salle du Carolinum, autrement dit de l'*Aula*. Le lieutenant royal décida que les jours pairs appartiendraient à l'Université allemande et les jours impairs à l'Université tchèque, qui se trouva ainsi bénéficier de tous les 31.

Une autre question se posa : le recteur de l'Université avait une voix *virile* à la Diète ; autrement dit il y siégeait de droit. Le maréchal du pays, c'est-à-dire le président de la Diète, adjugea cette voix au recteur de l'Université allemande ; les députés tchèques protestèrent et une loi votée par la Diète assigna une nouvelle voix virile au recteur de l'Université tchèque.

Ce fut une bien autre histoire quand il fallut entrer en possession des insignes universitaires pour procéder à l'installation du nouveau recteur. Le recteur de l'Université allemande refusa carrément de les prêter à son collègue. Le Sénat académique tchèque fit auprès du Sénat académique allemand une démarche officielle ; il demandait aussi que les fonds de l'Université allemande fussent partagés avec l'Université tchèque. Il fallut recourir au ministre, qui fit rendre justice aux réclamations de ces nouveaux venus que les Allemands, *beati possidentes*, considéraient volontiers comme des intrus.

Pour consoler le recteur de tous ces déboires, la Faculté de philosophie tchèque lui conféra le titre de docteur *honoris causa*. Nous avons vu qu'il avait, dans sa jeunesse, négligé de prendre ce diplôme.

Nous qui vivons aujourd'hui d'une vie purement laïque, nous avons peine à nous figurer quel rôle la religion et les cérémonies traditionnelles jouent encore dans les pays qui sont restés fidèles au culte du passé. A Prague, l'année universitaire débute par une messe du Saint-Esprit célébrée dans une des plus antiques églises de la capitale. L'installation d'un recteur est un événement considérable dans la vie de la cité.

La mienne, raconte Tomek, était fixée au 19 décembre. Le 14, j'allai faire les invitations de rigueur, chez le maire, le lieutenant royal, quelques conseillers de la lieutenance, chez l'archevêque, chez le commandant du corps d'armée, chez le directeur de la police.

L'installation solennelle eut lieu le 19 décembre 1885, dans la grande salle du Carolinum, et cette date marque une étape dans cette renaissance morale des nationalités slaves, qui est assurément l'un des événements les plus considérables du dix-neuvième siècle.

Les mémoires s'arrêtent à l'année 1888. Mais l'activité de l'historien s'exerça bien au delà de cette date. Ce fut en 1901 qu'il publia le douzième volume de son *Histoire de Prague*, l'ouvrage capital de sa vie, celui auquel il a consacré plus d'un demi-siècle, et dont le premier volume avait paru en 1855. Avec l'*Histoire de Bohême* de Palacky, cette œuvre monumentale est la plus considérable dont s'honore la littérature tchèque.

L'ouvrage que je viens de résumer a été la dernière œuvre publiée par Tomek. Il achevait d'en corriger les épreuves quand la mort le surprit le 12 juin 1905. Ces mémoires font bien connaître l'homme honnête et droit qui les a écrits, et à l'admiration qu'inspirent ses ouvrages ils ajoutent un sentiment de respectueuse sympathie.

V

SCHAFFARIK (1), SA VIE ET SON ŒUVRE.

A l'époque déjà lointaine où je commençais à m'occuper de l'histoire et de la littérature des peuples slaves, j'eus l'occasion d'aller faire visite à l'illustre doyen de la Faculté des lettres de Paris, à Victor Leclerc. Je venais l'entretenir de thèses de doctorat que je méditais et qui avaient pour objet les origines religieuses et littéraires des peuples slaves. Et ce n'était pas sans appréhension que je venais soumettre au vénérable doyen des sujets aussi étrangers à ses préoccupations habituelles.

A ma grande surprise je trouvai un accueil beaucoup plus bienveillant que je n'aurais osé l'espérer. Non seulement le doyen s'intéressait à des études si nouvelles pour lui, mais encore il mettait une sorte de

(1) On écrit aussi Safarik.

coquetterie à me montrer qu'elles ne lui étaient pas tout à fait étrangères.

« Je ne suis pas très au courant, me disait-il, mais je sais qu'il y a eu récemment chez les Slaves des érudits très remarquables. Il y en a eu un notamment qui s'appelait Schaffarik. Je ne vous dirai pas exactement ce qu'il a fait, mais j'ai entendu parler de lui et j'aurais voulu le voir figurer sur la liste des correspondants de notre Académie. Mes confrères n'en ont pas voulu ; je le regrette beaucoup. »

La bibliographie des travaux dont Schaffarik a été l'objet pourrait, si on la publiait à part, faire la matière d'une plaquette considérable. Il a été, depuis un demi-siècle, l'objet de nombreuses publications dans les diverses langues slaves et en allemand, et s'il se trouvait un candidat capable d'aborder avec succès une matière aussi vaste, il pourrait être le héros d'une belle thèse de doctorat.

Peu de savants ont eu dans notre siècle une vie aussi pénible que Schaffarik. Les successeurs auxquels il a frayé la voie, les Miklosich, les Jagic ont eu un *curriculum vitæ* facile, lucratif et glorieux. La carrière de Schaffarik a été une suite d'épreuves, de misères, de persécutions. A l'admiration qu'il inspire se mêle un sentiment de profonde commisération et d'ardente sympathie. Sa vie n'a jamais, que je sache, été écrite chez nous. Je voudrais essayer d'en donner une idée et de faire connaître son œuvre.

I

Paul Joseph Schaffarik était né le 18 mai 1795 dans le village slovaque de Kobeliarovo (Comitat de Germer) dans le nord de la Hongrie. Toute cette région est habitée par des Slovaques dont le dialecte est comme le prolongement de la langue tchèque en pays hongrois. Pendant des siècles les Slovaques ont considéré le tchèque comme leur langue littéraire et ce n'est qu'un demi-siècle après la naissance de Paul Schaffarik qu'il ont songé à émanciper leur dialecte.

La famille appartenait à la confession d'Augsbourg. D'après une tradition fort vraisemblable, elle prétendait se rattacher primitivement à la secte des Frères bohêmes et descendre de Tchèques réfugiés en Hongrie pour échapper aux persécutions religieuses après la défaite de la Montagne-Blanche, au début du dix-septième siècle.

Ainsi trois des plus grands restaurateurs de la nationalité tchèque au dix-neuvième siècle, l'historien Palacky, le poète Kollar (1), le philologue Schaffarik appartenaient à la religion protestante et renouvelaient en quelque sorte la tradition hussite brusquement interrompue par les triomphes du jésuitisme et de la réaction autrichienne.

Le père et l'aïeul de Schaffarik étaient également

---

(1) V. sur Kollar la 1re série de *Russes et Slaves* (Hachette, 1889), et sur Palacky *Études slaves* (2e série, Leroux, 1880).

pasteurs. La religion réformée, mal vue dans les États du groupe autrichien, était librement pratiquée dans ceux de la couronne de Hongrie. Les écoles protestantes étaient fort bien tenues. Les réformés étaient exclus des fonctions administratives, mais ils trouvaient des débouchés dans le barreau, l'église et l'enseignement. Les populations non catholiques de la Hongrie, par exemple les Serbes de religion orthodoxe, envoyaient volontiers leurs enfants à des écoles où ils recevaient une bonne éducation et où ils étaient sûrs d'échapper au prosélytisme intolérant des écoles catholiques.

Le jeune Schaffarik montra, dès sa première enfance, des aptitudes très remarquables. A l'âge de huit ans il avait déjà lu en entier la Bible. Il acheva ses humanités au collège de Kesmark, où il étudia tout ensemble le latin, l'allemand, le magyar, la philosophie, le droit, le grec, même l'hébreu. C'est dans cette ville qu'il sentit s'éveiller en lui le sens de la tradition nationale, l'amour de la race slave. Il avait pour camarades quelques Serbes qui lui apprirent leur langue et lui fournirent l'occasion de réfléchir sur la parenté des idiomes slaves. Un travail de Jungmann sur la langue tchèque, qui lui tomba par hasard sous la main, appela l'attention du jeune étudiant sur une littérature qui ne lui était pas encore très familière. Il lut avec enthousiasme la traduction du *Paradis perdu* de Jungmann, qui était alors un des classiques de cette langue régénérée. Il s'exerça lui-même à écrire des vers tchèques en s'inspirant tour à tour des poètes latins et grecs, des allemands — notamment de Klopstock, de Gleim, de Kleist, de Mathisson, de Schiller — et aussi de la poésie populaire slovaque. En 1814, il réunit et publia ses essais poétiques sous un titre qui nous semblerait aujourd'hui bien démodé : *la Muse des Carpathes avec une lyre slave*. Ce recueil est devenu fort rare ; une partie de l'édition fut détruite par un incendie. Une deuxième édition a paru à Prague en 1889. Si l'on tient compte de la médiocrité des œuvres poétiques en ce temps-là, les vers de Schaffarick ne sont pas absolument à dédaigner. Mais sa véritable vocation était ailleurs.

En 1815, il se rendit à l'Université d'Iéna pour achever ses études. Il était interdit aux sujets austro-hongrois de fréquenter les universités allemandes. Il n'y avait d'exception que pour les théologiens protestants. Paul Schaffarik ne se sentait pas une vocation spéciale pour le ministère ecclésiastique, mais il saisit avec empressement le prétexte qui lui permettait d'aller compléter son instruction dans la docte Allemagne. Ses ressources étaient modestes. Mais un jour un personnage officiel, le vice-joupan — pour parler notre langue administrative, le sous-préfet — avait visité le gymnase et le jeune étudiant avait salué sa venue par des vers latins qui lui avaient valu une généreuse gratification. D'ailleurs il était admis que les étudiants pauvres pouvaient mendier en route chez les pasteurs, les professeurs, les hauts fonctionnaires, et leur réclamer une hospitalité qui était bien rarement refusée.

De 1815 à 1817, Schaffarik passa quatre trimestres à Iéna, dans cette même ville où son compatriote Jean Kollar allait bientôt trouver les premières inspirations de ses sonnets panslavistes. Les deux jeunes gens se rencontrèrent pour la première fois à Pressbourg au moment où Schaffarik revenait d'Iéna et où Kollar allait s'y rendre. Ils se lièrent d'une étroite amitié. Malheuseusement Schaffarik se fit longtemps illusion sur les connaissances archéologiques et philologiques de son compatriote, qui était un dangereux rêveur.

Pendant deux années d'études assidues, il avait suivi quelquefois jusqu'à huit et neuf leçons par jour. M. Constantin Jireczek nous révèle un détail assez bizarre. Il prit à Iéna le titre de docteur *in absentia* et on n'a jamais pu découvrir quel avait été le sujet de sa thèse. Il rentra dans son pays en passant par Prague, qui commençait à devenir le grand foyer des études slaves. Il y fit un assez long séjour et se lia avec quelques-uns des promoteurs de la renaissance tchèque, le philologue Dobrowsky, le grammairien Nejedly, le lexicographe poète Jungmann, le polygraphe Hanka. Déjà, par correspondance, il était entré en relations avec l'historien Palacky.

Il emportait d'Iéna un bon souvenir. Il disait que cette ville avait été pour lui *exilium corporis, paradisus animæ*. Il en revint avec un profond respect pour la science allemande et pour le patriotisme allemand, qui, dès cette époque, tendait à l'union de tous les peuples germaniques. L'exemple de ses hôtes avait surexcité son patriotisme slave et lui aussi il rêvait vaguement de l'union de ses congénères. Il n'était pas de ces slavomanes exaltés qui disaient : « A quoi bon la science allemande ? N'avons-nous pas nos chants populaires ? »

La science qu'il avait acquise en Allemagne, il voulait la mettre au service, non pas de sa patrie officielle hongroise, qui l'intéressait assez peu, mais de la race slave. Sa vraie patrie, c'était la Bohême tchèque, dont ses ancêtres étaient originaires, dont il lisait la Bible, dont il écrivait la langue et à laquelle le rattachaient les traditions de la Réforme et du Hussitisme. Ce sont ces tendances, communes, en ce temps-là, à beaucoup de ses compatriotes, que les Allemands et les Magyars dénonçaient à l'Europe, comme constituant un grand péril pour l'Occident, le panslavisme.

Ce n'est pas panslavisme, c'est slavisme qu'il aurait fallu dire. Le slavisme de Schaffarik était empreint d'un vif enthousiasme : « Je suis prêt, écrivait-il en 1820 à son ami Kollar, à sacrifier pour mon peuple mon existence. Mieux vaut honorer son peuple par sa mort que le déshonorer par sa vie. »

De retour à Pressbourg, il obtint une place de précepteur. Le futur historien de la Bohême, le jeune Morave François Palacky, était, à ce moment, étudiant à Pressbourg. Les deux jeunes gens se lièrent d'une étroite amitié (1). Tous deux alors s'occupaient de poésie. Ils publièrent ensemble un traité de prosodie tchèque qui fit quelque bruit dans le monde des lettres,

____

(1) Sur Palacky, voir le deuxième volume des *Études Slaves*.

mais qui tient peu de place dans leur œuvre générale.

Une situation de précepteur n'est en général qu'une situation provisoire. En sa qualité de protestant, Schaffarik ne pouvait obtenir une chaire en Bohême et il lui déplaisait de servir dans les gymnases hongrois, où le développement et parfois l'intolérance de l'esprit magyar s'accordaient mal avec son patriotisme slave. Dans le courant de l'année 1819, il fut heureux d'accepter une situation chez les Serbes de la Hongrie méridionale. Il s'agissait d'aller diriger le gymnase serbe de Novi Sad (Neusatz, Ujvidek en magyar). Novi Sad, située sur le Danube — la grande voie internationale avant l'invention du chemin de fer — était alors une ville fort importante au point de vue commercial. Elle était le véritable centre du trafic entre les pays serbes et turcs et l'Autriche-Hongrie. Elle était, d'autre part, le foyer intellectuel des Serbes de Hongrie ; elle était située dans le voisinage des monastères serbes de la Frouchka Gora (1) qui renfermaient de nombreux manuscrits concernant l'histoire des Slaves méridionaux. Les Serbes orthodoxes se méfiaient des professeurs catholiques, qui arrivaient généralement avec des intentions de prosélytisme, et leur préféraient des protestants.

Pendant quelques années Schaffarik cumula la direction du gymnase avec l'enseignement de l'allemand et du latin. Au point de vue matériel la situation était bonne ; mais les élèves et leurs familles n'étaient pas

____

(1) Frouchka Gora, la Montagne des Francs.

très policés. Le climat paludéen de la région donnait
lieu à ces malaises bien connus sous le nom de fièvre
du Danube. Au bout de quelques années, Schaffarik
se vit retirer la direction du gymnase. Il n'était pas
convenable, disait l'arrêté de proscription, qu'un
évangélique fût à la tête d'un établissement du rite
grec. Son traitement se trouva singulièrement diminué,
sa dignité compromise. En revanche ses occupations
devenaient plus pénibles. Il devait enseigner même le
magyar, une langue qu'il était seul à savoir de tout le
personnel et pour laquelle il n'avait que fort peu de
goût. Le gymnase, mal dirigé, tombait en décadence.
En 1833, Schaffarik se décida à quitter Novi Sad.

Il avait reçu dans cette ville la visite du savant Kœppen, qui avait essayé de l'attirer à Pétersbourg à de
fort belles conditions. Mais il n'avait pu se décider à
s'expatrier si loin. A cette époque, les relations avec
la Russie étaient encore fort difficiles. Il fallait parfois attendre plusieurs mois pour recevoir une lettre,
et une année pour se procurer à des prix fabuleux un
ouvrage publié à Pétersbourg ou à Moscou.

Pendant son séjour à Novi Sad, Schaffarik avait fait
de fréquentes visites aux monastères serbes et en avait
extrait de précieux documents, qu'il a plus tard utili-
sés.

Il avait aussi rédigé en allemand un ouvrage considérable qui révéla son nom à l'Europe savante et qui
reste encore un de ses titres de gloire : *l'Histoire de
la langue et de la littérature slave dans tous ses dialectes (Geschichte der Slawischen Sprache und Litte-*

ratur nach allen Mundarten). Le volume fut publié par souscription à un nombre restreint d'exemplaires et ne tarda pas à être complètement épuisé. Le fils de l'auteur, Adalbert Schaffarik, a eu l'heureuse idée de le réimprimer à Prague en 1869, — sans apporter aucun changement au texte primitif.

Le titre de cet ouvrage peut nous sembler aujourd'hui singulier. Il n'y a point une langue slave avec des dialectes différents. Il y a des langues et, par conséquent, des littératures slaves. Mais, à l'époque où Schaffarik écrivait, les Tchèques — auxquels il se rattachait — n'avaient qu'une idée, c'était d'appeler sur eux l'attention des congénères plus puissants et plus nombreux, des Russes et des Polonais, et d'abriter leur faiblesse derrière la grandeur de la race. C'était ce sentiment qui inspirait les sonnets panslavistes du compatriote de Schaffarik, le Slovaque Kollar, celui-ci notamment :

Ah ! si je pouvais, de toutes nos tribus slaves dispersées, or, argent, bronze, je fondrais une statue.

Avec la Russie je fondrais la tête ; les Polonais formeraient le tronc ; les Tchèques les bras et les mains.

Des Serbes, des Wendes, des Lusaciens, des Croates, des Silésiens, des Slovaques, je ferais les vêtements et les armes.

Toute l'Europe s'inclinerait devant cette idole ; car elle aurait la tête au-dessus des nuages et les pieds sur la terre.

En ce temps-là on imaginait volontiers une langue slave fondamentale — purement théorique — dont les divers idiomes slaves n'étaient que les dialectes.

Tout le monde acceptait la terminologie de Schaffarik. Mme Thérèse von Jacob publiait en Amérique en 1834 (à Andover) une adaptation du livre de Schaffarick sous ce titre : *Historial view of the Slavic language in ist various dialects*. L'ouvrage fut adapté en allemand par un certain Ev. O., à Leipzig, en 1837 sous ce titre : *Geschichtliche Ubersicht der Slavischen Sprache...* Une seconde édition, remaniée, du livre de Mme Talvi (1) parut en 1850 à New-York. Mais cette fois l'auteur, mieux documenté, avait modifié le titre : *Historical rewiew of the languages of the Slavic nations.*

Chez nous, Eichhoff, qui fut correspondant de l'Institut, s'inspirait également des précédents de Schaffarik quand il publiait en 1839 son *Histoire de la langue et de la littérature des Slaves,* et notre ministère de l'Instruction publique se conformait à une tradition fâcheuse quand il créait au Collège de France une chaire de langue et de littérature slave au singulier (2).

Revenons au livre de Schaffarik. Ce n'était pas seulement un manuel d'histoire littéraire. C'était vraiment une sorte d'encyclopédie de la slavistique, d'après les matériaux qui avaient été accessibles à l'auteur.

(1) Ce pseudonyme était fabriqué avec les initiales de Thérèse-Albertine-Louise von Jacob.

(2) Voir sur l'histoire de cette question le 2ᵉ volume de mes études : *Russes et Slaves* (t. II, Paris, Hachette, 1896, p. 207 et suiv.).

L'ouvrage débutait par une introduction de quatre-vingts pages sur les régions, la culture et la langue des différents peuples slaves, au début du dix-neuvième siècle : puis venaient une caractéristique des Slaves, un coup d'œil général sur l'état de leurs littératures, sur les sociétés savantes, les bibliothèques, les journaux, les imprimeries. L'auteur répartissait les peuples slaves, à l'instar de Dobrowsky, en deux groupes, celui du Sud-Est et celui du Nord-Ouest, et il traitait successivement des divers membres de ces deux groupes.

Le manuel, bien entendu, n'était exempt ni d'erreurs ni de lacunes. Ainsi Schaffarik ignorait presque complètement l'existence des Bulgares, dont il considérait la langue comme un dialecte serbe ; il citait un peu au hasard les représentants des littératures qui ne lui étaient pas familières, comme par exemple celles de la Russie ; comme tout le monde à cette époque, il prenait au sérieux des textes apocryphes sur lesquels Dobrowsky et Kopitar avaient montré un salutaire scepticisme.

La statistique des peuples slaves que Schaffarik avait établie en 1826 atteignait au chiffre de 55.270.000 âmes. Les dernières évaluations nous donnent aujourd'hui plus de 140 millions (1).

Le succès du livre, tiré à cinq cents exemplaires, fut relativement considérable. Pour la première fois, les Slaves, disséminés sur un si grand espace, pou-

(1) Consulter sur ce sujet *la Race Slave*, par L. NIEDERLÉ (édition française par L. Leger, librairie Alcan).

vaient se rendre un compte exact de la place qu'ils tenaient dans le monde et de leur développement intellectuel. Le nom de l'auteur dépassa les limites de l'État austro-hongrois. Les Polonais, qui, dans ce temps-là, s'occupaient beaucoup des questions slaves, lui furent particulièrement reconnaissants. Il fut nommé correspondant des Sociétés des Sciences de Varsovie et de Cracovie. Son nom devint populaire chez les savants russes.

Au fond, la plus grande partie de l'œuvre de Schaffarik — *les Antiquités slaves*, *l'Ethnographie slave*, les recherches sur l'idiome liturgique, sur l'histoire littéraire des Tchèques et des Slaves méridionaux — était déjà en germe dans ce livre synthétique.

Cet ouvrage n'était pas le seul résultat du labeur de l'auteur durant le séjour de Novi Sad ; il avait beaucoup travaillé dans les monastères serbes de la Frouchka Gora. Il s'était livré à de profondes recherches sur l'ethnographie et la géographie, notamment sur la topographie de la péninsule balkanique, alors si peu connue. En 1829 et 1831, il donnait aux *Wiener Jahrbücher* des études sur la bibliographie et les manuscrits des Slaves méridionaux. D'autre part, il réunissait les matériaux d'un travail considérable : *Geschichte der Südslavischen Literatur*, qui n'a été publié qu'après sa mort (Prague, 1864-1865).

En 1828, il publia, d'après le Polonais Surowiecki, un travail en allemand sur les origines des Slaves (*Uber die Abkunft der Slawen*, Ofen), qui renfermait nécessairement des erreurs, mais qui fit grand bruit.

Ce travail appela l'attention des historiens Heeren et Uckert, qui éditaient alors chez Perthes une Histoire des États européens et qui demandèrent à Schaffarik d'écrire pour leur collection une Histoire générale des peuples slaves. Il refusa. Il n'écrivit jamais pour les libraires, n'accepta jamais les situations qui auraient pu compromettre les travaux désintéressés qu'il avait en vue.

L'estime qu'il inspirait au monde savant n'avait malheureusement pas amélioré sa situation. On lui avait retiré la direction du gymnase; on lui avait imposé l'enseignement de la langue magyare, qui ne l'intéressait aucunement. Il cherchait le moyen de quitter Novi Sad. Mais où trouver un emploi? De 1829 à 1832 il fut sollicité par des savants russes qui voulaient organiser dans leur pays l'enseignement de cette science nouvelle, la slavistique, et faire appeler, à Pétersbourg et à Moscou, trois Tchèques, Hanka, Czelakovsky et Schaffarik (1). Mais les négociations n'aboutirent pas. Schaffarik savait mal le russe et redoutait pour la santé de sa femme le dur climat du Nord. Il rêvait d'aller s'établir à Prague. A défaut d'une fonction publique, à laquelle sa religion lui défendait d'aspirer, il espérait trouver chez quelque grand seigneur un poste d'archiviste ou de bibliothécaire. Il était encouragé par l'exemple de Palacky, qui, bien que protestant, réussit à devenir historiographe du royaume de Bohême.

(1) Sur ces négociations voir l'étude sur Hanka.

Les patriotes et les intellectuels tchèques savaient fort bien quelle précieuse acquisition ils allaient faire dans la personne de Schaffarik. En attendant qu'on pût lui trouver une situation définitive, quelques-uns d'entre eux s'engagèrent à lui faire une rente de cinq cents florins à condition qu'il écrirait désormais ses ouvrages en langue tchèque. Ces bienfaiteurs restaient absolument anonymes. Parmi eux figuraient des souscripteurs qui étaient loin d'être riches, par exemple Jungmann et Palacky (1). Schaffarik ne sut jamais leurs noms et crut toujours qu'il devait ses ressources à la munificence de quelques magnats. Pour ménager ses susceptibilités, les arrérages de cette modeste rente devaient lui être payés par le Musée du Royaume. Une petite subvention de soixante florins lui était d'ailleurs allouée sur les fonds de cet établissement.

II

Le 3 mai 1833, Schaffarik s'installa définitivement à Prague. A peine arrivé, il reçut la visite d'un commissaire de police qui venait savoir pourquoi il était venu en Bohême. Tout le monde était suspect dans l'Autri-

(1) Jungmann écrivait à Schaffarik : « Pour Dieu, déracinez votre noble vie de ce sol ingrat et transplantez-la dans notre pays, où elle poussera des racines plus profondes et des rameaux plus vigoureux. Avec vous, c'est une nouvelle étoile qui va se lever dans notre ciel. Puissé-je voir sa lumière et, comme Siméon, je bénirai mes derniers jours ! »

che de Metternich. Une traduction de la *Marie Stuart* de Schiller, faite par Schaffarik vers 1820, avait été longtemps interdite par la censure. Elle ne pouvait admettre une œuvre où il était question du meurtre d'une reine!

Pour compléter les modestes ressources que lui assuraient ses amis, Schaffarik dut se livrer à un travail intensif. Il collaborait à la Revue du Musée, dont il fut pendant quelque temps le directeur; il rédigeait un journal illustré. Il fournissait à Jungmann des matériaux pour son grand Dictionnaire tchèque; il publiait de temps en temps dans la Revue du Musée des fragments du grand ouvrage sur les Antiquités slaves dont il avait conçu le plan à Novi Sad et qu'il allait bientôt éditer.

Ce n'était pas une petite affaire, vers 1830, que de publier en langue tchèque un travail considérable d'ordre purement scientifique. Il n'y avait point d'éditeur assez hardi pour risquer l'entreprise. Un prospectus lancé au mois de février n'avait pas encore au 15 mai provoqué une seule souscription. On n'avait rien à attendre de Vienne. La grande institution scientifique de Prague, le Musée, avait ses fonds engagés dans le Dictionnaire de Jungmann. Il ne put souscrire que deux cents exemplaires, sur lesquels il exigea un rabais de 25 p. 100. L'entreprise n'aurait jamais pu aboutir sans le concours de l'historien russe Pogodine, qui, non content d'avoir fourni des livres à Schaffarik pour l'aider dans ses travaux, lui adressa une souscription de cinq cents roubles.

L'ouvrage put être imprimé à mille exemplaires et parut à Prague en 1837. Il formait un énorme volume in-8° de plus de mille pages. C'était, depuis le début du dix-neuvième siècle, l'ouvrage d'érudition le plus considérable qui eût paru en langue tchèque. Nous l'apprécierons plus loin.

Le succès fut considérable, non seulement chez les compatriotes de l'auteur, mais aussi chez les congénères slaves; l'ouvrage fut d'abord traduit en polonais par Bonkowski (2 vol., Posen, 1842-1844), puis en allemand (*Slawische Alterthümer, deutsch von Mosig von Aehrenfeld*, Leipzig, 1843-1848) (1), puis en russe par Bodiansky (Moscou, 1848).

Pogodine avait vivement insisté auprès de Schaffarik pour le décider à accepter une brillante situation à Moscou. Il l'avait visité à Prague en 1835 et avait été ému de sa misère :

Son logement, écrivait-il à un ami russe, se compose d'un petit cabinet encombré de livres et de deux chambres pour sa famille (une servante, sa femme, sa belle-mère et quatre enfants). Pour pénétrer dans ces chambres il faut traverser la cuisine.

Est-il possible, ajoutait Pogodine, qu'il ne se trouve pas dans les pays slaves, dans la Sainte Russie, des Mécènes capables de sacrifier une miette de leur fortune pour con-

(1) C'est à cette traduction allemande qu'on a généralement recours. Mais elle n'est pas exempte d'erreurs. Le traducteur était un Serbe ou Wende de Lusace peu au courant de la terminologie géographique. C'est ainsi qu'il traduit par *Walachei* (Valachie) le mot *Vlachy*, qui veut dire Italie.

tribuer aux travaux de Schaffarik, non pas dans son intérêt mais dans l'intérêt de tous les Slaves ?

Un autre savant russe, le slaviste Bodianski, qui visita Schaffarik en 1838, écrivait :

Schaffarik est pour moi toute une Académie. C'est une vivante encyclopédie des choses slaves.

Dans un rapport adressé au ministre de l'Instruction publique, qui était alors le comte Ouvarov, Bodiansky lui demandait de venir en aide au savant tchèque.

D'autres philologues russes, Sreznevsky, Preiss, Granovsky, Soloviev, lui rendaient un chaleureureux témoignage. « Prague est nécessaire à Moscou et Moscou à Prague, écrivait Soloviev en 1843. Ce sont les deux yeux du monde slave. » Le comte Ouvarov, sollicité de venir en aide à Schaffarik, en référa à l'empereur Nicolas, qui suivait d'un œil attentif le mouvement politique et littéraire des Slaves occidentaux (1). Le ministre signalait au souverain les services désintéressés rendus par Schaffarik aux jeunes savants russes et à cette science toute nouvelle, la slavistique. Il recommandait aussi Hanka (2), dont le caractère n'était pas à la hauteur de celui de Schaffarik. Ouvarov demandait que l'Académie fût autorisée à offrir à chacun de ces deux savants une somme de 3.000 rou-

(1) Dans la préface de mon édition de l'*Évangéliaire de Reims* (Reims, Michaud, 1899) j'ai raconté la part que Nicolas I⁰ʳ avait prise à la première édition de ce célèbre manuscrit.

(2) Sur Hanka, voir plus haut l'étude qui lui est consacrée.

bless sur son budget. Il demandait en outre 2.000 roubles sur le trésor de l'Empire. Ces deux libéralités furent autorisées par le Souverain. Pour qu'elles restassent absolument ignorées du Gouvernement autrichien, toujours très soupçonneux vis-à-vis des manœuvres *panslavistes*, le Ministre fut obligé de recourir à toute espèce d'artifices. Les fonds ne pouvaient être ni envoyés par la voie diplomatique, ni expédiés par l'intermédiaire d'une banque. Ce fut le professeur Pogodine, qui se rendait précisément à Prague, qui fut chargé de les remettre de la main à la main.

Schaffarik de son côté craignait vivement d'être compromis par suite de ses relations financières avec la Russie. Il a, de son vivant, détruit une grande partie de sa correspondance, notamment les lettres de Pogodine, dont la perte est infiniment regrettable. A diverses reprises, l'historien russe s'efforça d'attirer Schaffarik en Russie, mais il rencontra une invincible résistance.

Schaffarik s'obstinait à refuser les présents d'Artaxerxès.

Mon devoir, écrivait-il à Pogodine le 21 février 1836, est de servir mes compatriotes. Si mes travaux peuvent être utiles à d'autres, tant mieux. Pour tout le reste, je me fie à Dieu, qui n'abandonne pas les siens. L'estime et l'affection d'hommes excellents ne me manquent pas dans ma pauvreté. J'élèverai mes enfants dans ces idées (1).

(1) Lettres adressées à Pogodine des pays slaves (édition de la Société d'histoire et d'antiquité russes, Moscou, 1879).

L'Académie de Saint-Pétersbourg décerna à Schaffarik une médaille d'or et peu de temps après l'admit au nombre de ses correspondants. Il fut également nommé correspondant des Académies de Berlin et de Munich et membre titulaire de la Société royale des Sciences de Prague.

Le Gouvernement autrichien avait de singulières façons d'encourager un homme qui lui faisait tant d'honneur. On lui confia un poste de censeur, mal rétribué bien entendu. Fonction absorbante s'il en fut et qui entraînait de terribles responsabilités. Schaffarik n'aurait jamais pu venir à bout de sa tâche si sa femme ne l'avait aidé dans la lecture de nombreux manuscrits qui lui étaient soumis.

Cependant ses compatriotes étaient fiers de sa gloire et tenaient à le lui prouver. L'année qui suivit la publication des *Antiquités*, en 1838, il fut invité à aller examiner un manuscrit slave par les bénédictins du monastère de Rajhrad (en allemand *Raigern*) en Moravie. Bien qu'il n'appartînt pas à l'Église catholique, les moines et l'évêque de Brno (Brünn) le reçurent avec de grands honneurs.

L'évêque lui remit à la fin d'un banquet une coupe d'argent acquise par souscription, qui portait cette dédicace : Brno, 11 août 1838, et une bague enrichie de brillants avec cet exergue : Les Moraves à Schaffarik, 1838. Une poésie de circonstance fut lue par un prêtre patriote, Klacel, qui devait quelques années plus tard quitter l'Autriche inhospitalière aux Slaves pour le Nouveau Monde.

Ainsi que nous l'exposerons plus loin en détail,
Schaffarik avait médité de donner une seconde partie
aux *Antiquités slaves*. Mais il lui aurait fallu une
chaire d'Université pour lui assurer le loisir nécessaire.
Sa santé était devenue fort délicate et il dut se contenter d'entreprendre des œuvres de moindre enver-
gure. L'une des plus intéressantes fut l'*Ethnographie
slave*, qui parut en langue tchèque en 1842. L'ouvrage
comprenait une statistique des peuples slaves d'après
les derniers documents (elle présentait alors un total
de 78 millions), la description des pays qu'ils habi-
taient, la caractéristique des langues slaves, la bibliographie des dictionnaires et des grammaires, des spécimens de poésie populaire et une carte ethnographique.
C'était le premier ouvrage de ce genre qui eût paru
dans tout l'ensemble des pays slaves. Le succès fut
colossal — du moins pour l'époque. — Il y eut en
langue tchèque trois éditions en deux ans, dont l'une
fut tirée à trois mille exemplaires. L'*Ethnographie* fut
traduite en polonais et en russe.

Ce travail arrivait à propos au moment où les peuples slaves commençaient à prendre conscience de leur
solidarité et à se prévaloir de leur commune origine
dans la lutte qu'ils soutenaient à la fois contre les
Allemands et contre les Magyars : « C'était, écrivait
Jungmann, un livre d'or que tout Slave devait avoir
chez lui et dans sa mémoire. »

Schaffarik fut moins heureux en s'appliquant à publier avec Palacky les plus anciens monuments de la
langue tchèque accompagnés d'un commentaire en

allemand (*Die ælteste Denkmæler der bœhmischen Sprache*, Prague, 1840). Les deux collaborateurs avaient manqué de scepticisme. Ils s'en prenaient à des textes dont l'authenticité n'était guère contestée alors que par Dobrowsky et par Kopitar et qu'il a fallu depuis abandonner. Dans son enthousiasme pour un pays qu'il aimait passionnément, auquel il avait tout sacrifié, et pour des études auxquelles il devait sa gloire, Schaffarik ne prit pas suffisamment garde à l'origine des documents qu'on lui soumettait et versa sur des textes apocryphes les trésors d'une érudition qui eût mieux trouvé sa place ailleurs.

Il donna aussi ses soins à un recueil peu critique d'anciens textes tchèques, pour lequel il écrivit (en 1845) des *Éléments de grammaire de l'ancien tchèque.* Il avait malheureusement mis à profit des formes imaginaires empruntées à des textes qui ne l'étaient pas moins.

> Un cœur simple et sans artifice
> Ne soupçonne point en autrui
> La bassesse et la malice
> Qu'il ne sent point en lui.

Signalons encore une de ses erreurs. Il fut toujours trop docile aux enthousiasmes et aux suggestions de son ami Jean Kollar, qui fut parfois un grand poète, mais qui fut toujours un détestable archéologue. On peut citer comme une aberration produite par cette fâcheuse influence le malheureux mémoire sur le prétendu Cernoboh (Dieu noir) de la cathédrale de Bamberg que Kollar avait découvert et sur lequel

Schaffarik avait déchiffré une prétendue inscription en vieux slave (1). Cette inscription, il la lisait :

CARNI BU,

qu'il interprétait par « le Dieu noir », alors que c'était tout simplement une graffite d'un inconnu :

[J]OHAN Q...

Il ne fut pas long, paraît-il, à s'apercevoir de son erreur, et cette circonstance explique peut-être pourquoi il n'osa se livrer à l'étude détaillée de la mythologie slave. Son gendre Joseph Jirecek a rendu un fâcheux service à sa mémoire en réimprimant la notice sur l'idole de Bamberg dans un volume posthume de Mélanges publié après sa mort en 1865 (2). Elle n'aurait rien perdu à rester ensevelie dans la Revue où elle avait été publiée pour la première fois.

Ces erreurs, que nous avions l'obligation de ne point passer sous silence, ne compromettent point la gloire de Schaffarik. Un témoin peu suspect, le grand philologue allemand Schleicher, écrivait en 1869 à son fils Adalbert :

Vous savez à quelle hauteur je place votre inoubliable père : toutes les fois que je prends ses travaux en mains, j'éprouve une véritable admiration pour l'homme qui a fait de grandes et impérissables choses (3).

(1) Voir sur le Dieu noir ma *Mythologie slave*, p. 164.
(2) Rozpravy, etc., Prague, Librairie Tempsky, in-8°.
(3) Fragment de lettre cité par M. Adalbert Schaffarik dans la notice qu'il a écrite sur son père. Voir plus haut, p. 113.

Si dans la patrie autrichienne la religion de Schaffarik ne lui permettait pas d'aspirer à une chaire d'Université, il n'en allait pas de même dans la Prusse luthérienne. Dans le courant de l'année 1841, le Gouvernement prussien eut l'idée de fonder une chaire de philologie slave à l'Université de Berlin. Il offrit cette chaire à Schaffarik et l'invita à fixer lui-même ses conditions. Schaffarik refusa ; il estimait que Prague était le foyer et le centre nécessaire à son activité. Mais il accepta de se rendre à Berlin pour conférer avec le Ministre sur les titres des candidats éventuels. Le Gouvernement prussien tint à le remercier de ses services par l'envoi de l'ordre *Pour le mérite*.

Le Gouvernement autrichien finit par comprendre qu'il fallait pourtant faire quelque chose pour un savant que l'étranger lui disputait. Le 21 mai 1841 il fut nommé conservateur de la Bibliothèque de Prague à 800 florins d'appointements. Berlin lui avait offert de fixer lui-même son traitement. La situation de bibliothécaire n'était pas celle qu'il eût rêvée. Ce qu'il souhaitait, c'était une chaire de philologie slave à l'Université. Cette chaire ne lui fut accordée qu'en 1848 ; le décret qui le nommait était daté du 13 mars. Il coïncidait avec une période révolutionnaire peu favorable aux études philologiques. D'ailleurs les conditions faites au nouveau professeur étaient lamentables. Il aurait voulu avoir comme traitement au moins les 400 florins que lui valait sa situation de censeur. Mais on l'avait invité à se contenter des émoluments que lui verseraient ses élèves. Il ne put se décider à occuper la chaire dans ces conditions et l'abandonna au poète philologue Czelakovsky.

Au début de l'année 1848 fut fondée l'Académie de Vienne. Schaffarik en fut nommé membre par l'Empereur et prit part à la séance d'inauguration. Sur sa proposition l'Académie établit un prix pour une grammaire comparative des langues slaves. Ce prix fut décerné au jeune Miklosich, dont la carrière devait être plus brillante et plus fructueuse que celle de Schaffarik. Miklosich est mort associé de l'Institut de France, qui avait oublié Schaffarik. C'est la destinée des précurseurs, d'être parfois oubliés. J'en ai fait moi-même l'expérience.

Pendant quelque temps les événements politiques arrachèrent l'auteur des *Antiquités slaves* à ses paisibles études. Le 18 mars il présidait à Prague une réunion d'écrivains des deux nationalités tchèque et allemande qui étudiaient les moyens d'introduire dans la vie politique un régime plus libéral ; le 4 avril il était appelé à Vienne par le ministre de l'Instruction publique pour préparer les réformes scolaires. De retour à Prague à la fin de mai, il fit partie du Comité chargé de convoquer un Congrès de Slaves autrichiens qui devait délibérer sur les intérêts de la race et sur la transformation de l'État autrichien. Le 2 juin le Congrès fut ouvert sous la présidence du vieil ami de Schaffarik, l'historien Palacky.

Schaffarik prit la parole et prononça un discours qu'il nous paraît intéressant de reproduire ici. C'est le seul document politique qu'il nous ait laissé.

En voici la traduction littérale :

Qui nous a rassemblés ici ? La crise de trois races ! Une crise sans exemple dans l'humanité, un mouvement sous lequel la terre frémit et tremble, devant lequel s'écroulent les géants, devant lequel s'évanouit le pouvoir des baïonnettes et des espions, au nom duquel le peuple réclame sa part de l'héritage de Dieu. Ce mouvement nous a mis en marche et réunis ici.

Le gouvernement des baïonnettes et des espions est désormais impossible. Si ce gouvernement était possible, il n'aurait pas échappé aux mains de ceux qui le tenaient, car ils étaient des géants d'une intelligence rare, d'une audace inouïe, mais Dieu n'était pas dans leur cœur.

Les nations sont rentrées dans leurs droits. Elles se sont réunies, elles délibèrent sur leurs intérêts et sur les nôtres, leur avenir et le nôtre, à Francfort et à Pesth, chez nous et en dehors de notre monarchie.

Eh bien ! puisque les autres nations s'occupent de nous et prétendent régler notre avenir, délibérons, nous aussi, sur cet avenir. Nous nous connaissons certainement mieux que les autres ne nous connaissent, nous connaissons mieux qu'eux nos besoins, nos tendances et nos aspirations.

Quel est le jugement que portent sur nous les autres peuples, nos voisins allemands, magyars, italiens ? Sachons le reconnaître, si dur qu'il soit de le proclamer. Ils déclarent que nous ne sommes pas capables de la pleine liberté, pas capables d'une vie politique supérieure, uniquement parce que nous sommes des Slaves. Le Slave, d'après eux, est destiné par la nature à servir des peuples élus, mieux doués et plus nobles.

Or qui sont-ils, ceux qui nous jugent ainsi ? Ceux qui ont fait peser, qui font encore peser sur nous une main de fer, ceux qui ont tondu la laine de nos brebis et qui se sont engraissés de la moelle de nos os, ceux qui ont vécu de la sueur de nos laboureurs, ceux pour qui nos fils ont versé leur sang, ceux qui sous prétexte de nous civiliser et de nous protéger nous dépouillent de notre caractère slave. Ceux-là nous les appelons nos oppresseurs, les assassins de nos âmes.

... Si nous refusons de nous civiliser à leur manière, c'est-à-dire de nous germaniser, de nous magyariser, de nous italianiser, ils nous traitent de barbares et d'esclaves. Si nous voulons réellement nous civiliser, c'est-à-dire nous slaviser à fond, vivre en Slaves, suivant notre conscience, ils nous traitent de mauvais fils de la patrie, de traîtres, d'ennemis de leurs libertés...

Cette situation ne peut plus durer. Le sort en est jeté. L'heure décisive a sonné pour nous plus tôt que nous ne le pensions... Montrons que nous sommes dignes de la liberté. Mettons-nous en état de pouvoir dire avec orgueil devant les nations : « Je suis Slave », ou cessons d'être Slaves. La mort morale est pire que la pire mort.

La mort morale est pire que la pire mort, mais la vie morale est la vie la plus haute. Donc, avant de nous mettre à la merci des autres nations, pénétrons dans le fond de nos âmes, examinons ce qu'elles renferment de force morale. Constatons si nous sommes en état d'élever la voix dans le conseil des nations, si nous sommes en état de discuter avec elles de l'égalité de nos droits. Tout ce qu'il y a sous le ciel obéit à la force morale...

Chers frères, ce n'est pas le moment de faire de longs discours. Ce qui importe avant tout, c'est d'agir. On ne passe pas sans combat de la servitude à la liberté, Ou la victoire et la liberté nationale, ou la mort honorable et après la mort la gloire !

L'effet du discours fut prodigieux. Les Croates tirèrent leur sabre du fourreau, d'autres auditeurs s'embrassèrent avec effusion.

Cette belle journée ne devait pas avoir de lendemain.

Le Congrès ne dura pas longtemps. Il fut dissous dans des circonstances que j'ai racontées ailleurs (1). Schaffarik avait accepté un mandat de député à la Diète de Bohême au moment même où la vie parlementaire fut supprimée pour tout l'Empire. Il se renferma désormais dans ses fonctions très absorbantes de bibliothécaire; il consacra tous ses loisirs à des recherches délicates sur l'alphabet et la liturgie glagolitiques.

Il se sentait très découragé. Les épreuves qu'il avait subies avaient brisé les ressorts de son énergie.

En 1851, Pogodine lui offrait le concours matériel de la Russie pour une édition à entreprendre des œuvres de Jean Hus. Schaffarik, qui aurait dû s'enthousiasmer pour ce projet, se dérobait en des termes qui attestent une effroyable lassitude, une véritable phobie:

L'exécution de votre plan, écrivait-il, ne ferait que rallumer et exciter les passions nationales et religieuses. Vous savez avec quelle ardeur, quelle haine, quelle défiance on observe les moindres mouvements littéraires des Slaves et comme on les espionne. Votre plan d'édition tomberait comme une bombe au milieu des nations. Il ferait éclater d'impudents réquisitoires contre la russomanie et le panslavisme. Personne en Autriche ne voudra éditer les œuvres de Hus. Pourquoi les imprimer? Peut-être pour déchaîner les passions aveugles de la canaille. A quoi cela mènerait-il? A de nouvelles complications. Laissons les morts en paix. *Hus ne nominetur quidem aut urelur denuo.*

Je crois bien que Schaffarik exagérait et qu'une édi-

(1) Voir mon *Histoire d'Autriche*, chap. XXVIII.

tion scientifique — je ne dis pas populaire — des
œuvres de Hus n'aurait pas rencontré tant de difficultés. Il n'a malheureusement pas assez vécu pour voir
— dans une Autriche, il est vrai, moins réactionnaire
— les œuvres tchèques de Hus publiées par Erben, à
Prague (3 vol., 1865-1868), et dans cette même ville
l'édition des *Acta Mag. Johannis Hus vitam, doctrinam illustrantia*, mise au jour en 1869 par Palacký.

J'ai pensé naguère, disait Schaffarik à son fils, qui nous a
rapporté ce propos désolé, que je ramasserais des matériaux
jusqu'à l'âge de cinquante ans et qu'à partir de cet âge, je
commencerais à travailler, et je vois maintenant que je dois
m'arrêter au point où j'imaginais naguère que je commencerais... — La *slavistique*, c'est la mendicité, écrivait-il en
1854.

Dès ses jeunes années, sa santé avait été compromise par le climat paludéen de Novi Sad. Les recherches dans les manuscrits avaient fatigué ses yeux
et son cerveau; il était torturé par les souffrances de
l'anémie cérébrale. Il fut atteint du délire de la persécution, brûla une partie de sa correspondance. Cet
état maladif fut encore aggravé par la guerre d'Italie
(1859), où deux de ses fils faisaient campagne.

Un jour il fut saisi d'une grande frayeur en apprenant qu'il était mandé au bureau de police. Il s'y
rendit tout tremblant, et le chef de service lui apprit...
qu'il venait d'être nommé commandeur de l'ordre
russe de Sainte-Anne.

Le 23 mai 1860 il sortit de chez lui sans avoir prévenu personne et du haut du pont François il se précipita dans les eaux houleuses de la Vltava. On réussit à le sauver ; on le ramena chez lui et il se rétablit assez promptement. Au mois d'octobre de la même année, il obtint la liquidation de sa pension de retraite. Mais il ne devait pas jouir longtemps du repos qu'il avait si bien gagné. Il mourut le 24 juin 1861.

Les protestants inscrivaient le plus souvent sur la tombe une sentence de l'Écriture et cette sentence est généralement rédigée dans la langue maternelle du défunt. Exception fut faite pour Schaffarik. Le texte gravé sur sa tombe était rédigé en slavon-serbe et provenait d'un manuscrit qu'il avait copié lui-même en 1829, au monastère de Vrdnik en Slavonie, et qu'il a publié dans ses Documents sud-slaves. Il était ainsi conçu :

Tu as été éduqué dans les belles choses depuis ta jeunesse.

III

Ce texte eût été plus exactement appliqué sur la tombe d'un prêtre ou d'un artiste. Ce n'était pas le beau que Schaffarik avait recherché, sauf au temps de sa première jeunesse. C'était la vérité scientifique.

Nous avons dit dans quelles circonstances elle lui avait échappé. Ses erreurs furent celles de la plupart de ses contemporains, même des plus illustres.

L'œuvre de Schaffarik se partage à peu près également entre deux langues, le tchèque et l'allemand.

Mais c'est en tchèque qu'il a écrit son œuvre la plus considérable, celle qui lui tenait le plus à cœur, les *Antiquités slaves*. Éditées pour la première fois en 1837, elles ont été réimprimées après la mort de l'auteur, en 1862.

Schaffarik, dans cet ouvrage, se proposait d'étudier l'histoire primitive des Slaves depuis l'époque où ils apparaissent — ou semblent apparaître — dans les textes jusqu'à celle où, grâce à l'abondance et à la clarté des documents, ils deviennent une matière définitive pour l'historien. Il n'a pas seulement mis toute sa science dans cette œuvre ardue ; il a voulu y mettre tout son cœur. A chaque page il s'applique à justifier la belle épigraphe empruntée à Pline l'ancien qu'il a inscrite au début de son livre :

Inde et liber crevit, dum ornare patriam et amplificare gaudemus, pariterque et defensioni ejus deservimus et gloriæ.

Il aurait pu lui donner aussi, n'eût été sa modestie, l'épigraphe que Montesquieu a mise en tête de *l'Esprit des lois* : *Prolem sine matre creatam.*

Les étrangers, dit-il dans son introduction, n'ont pu entreprendre cette œuvre à cause de leur ignorance et de leurs préjugés contre la race slave, et les nationaux n'ont pas encore osé.

Tout en poussant aussi avant que possible ses recherches, il est obligé de rappeler parfois des choses courantes et de faire œuvre de vulgarisation :

Nous ne sommes pas encore assez riches pour écrire sur un même sujet des œuvres différentes en vue des différentes classes de lecteurs. Actuellement, nobles et vilains, riches et pauvres, nous devons tous nous asseoir à la même table.

L'ensemble de ses recherches porte sur un espace de quinze siècles environ, depuis l'époque d'Hérodote jusqu'à celle où les Slaves, en embrassant le christianisme, entrent définitivement dans le concert des nations européennes. Au temps d'Hérodote les Slaves n'apparaissent pas encore sous leur nom et c'est sous des dénominations étrangères qu'il faut deviner leur existence. Dans la première partie de son œuvre, l'historien est livré aux hypothèses; dans la seconde, il marche sur un terrain plus solide. Au temps de Schaffarik, l'archéologie préhistorique et l'anthropologie n'avaient pas encore renouvelé l'étude du monde primitif. La linguistique comparée balbutiait ses premiers essais. Un grand nombre de documents du folklore slave étaient inconnus. Beaucoup de textes importants, notamment des textes orientaux, n'avaient pas encore été publiés. Il n'y a donc à s'étonner ni des erreurs ni des lacunes de l'ouvrage. Ce qu'il faut au contraire admirer chez l'auteur des *Antiquités*, c'est la puissance de son travail, l'étendue de ses lectures, la variété de son érudition; c'est aussi l'indomptable énergie avec laquelle il a poursuivi son œuvre à travers toutes les difficultés, luttant tout ensemble contre le manque de matériaux, contre la misère, contre la fatigue que lui imposaient des fonctions si absorbantes et si mal rétribuées.

D'après les notes qui ont été trouvées dans ses manuscrits après sa mort, et qui ont été publiées par M. Joseph Jireček en tête de la seconde édition des *Antiquités*, Schaffarik avait médité une seconde partie de son ouvrage, dont il a écrit le plan et qu'il n'a pas eu le courage ou le loisir d'exécuter. Elle devait étudier la vie des anciens Slaves, leurs caractères physiques et moraux, leur habitat, leur alimentation, leur manière de vivre, leur organisation politique, leur législation, leur mythologie, sans négliger la langue, l'art et les monuments qu'ils ont pu laisser. Cette seconde partie que Schaffarik n'avait pu aborder, a été traitée depuis avec succès par un professeur de l'Univerté de Gratz, le slovène Edouard Krek, dans son bel ouvrage: *Einleitung in die Slavische Literaturgeschichte* (2e édition, Gratz, 1884). D'autre part, les derniers progrès de la linguistique, de l'archéologie et de l'anthropologie se trouvent mis à profit dans le grand ouvrage qu'un savant tchèque, M. Lubor Niederle, professeur de l'Université de Prague, a commencé à publier en 1902 (1) sous le même titre que celui de Schaffarik, ouvrage au courant des dernières conquêtes de la science, et que l'auteur a respectueusement dédié à la mémoire de son glorieux précurseur.

En 1865, M. Joseph Jireček a réuni en un volume des Mémoires de slavistique (*Rozpravy z oboru ved slovanskych*) qui renferment des travaux relatifs à l'histoire du droit, à l'histoire littéraire, à la philologie. Il

---

(1) J'ai rendu compte de cet ouvrage au *Journal des Savants* (mars 1911).

a en outre édité les notes prises naguère en allemand par Schaffarik sur les littératures sud-slaves (*Geschichte der Südslavischen Literatur*, 3 vol., Prague, 1864-1865). Les dernières années de la vie de Schaffarik furent surtout occupées par des recherches sur la littérature des Slaves méridionaux (1) et sur l'alphabet glagolitique, dont il fit fondre à Prague de nouveaux caractères. A cette époque se rattache un travail considérable : *Uber den Ursprung und die Heimath des Glagolitismus* (Prague, 1858), dans lequel l'auteur tente de démontrer l'antériorité de la Glagolica sur la Kyrillica.

Nous n'avons pas la prétention de donner ici une bibliographie complète de son œuvre bilingue. Une grande partie de cette œuvre est aujourd'hui dépassée ; mais il ne faut pas oublier que Schaffarik fut le grand initiateur et dans quelles circonstances il dut travailler. Sa vie nous offre un bel exemple de labeur opiniâtre, patriotique et désintéressé.

Dans une lettre adressée à son ami Pogodine, il s'appliquait à lui-même des vers de l'humaniste allemand Camerarius (2).

---

(1) *Monuments de l'ancienne littérature des Slaves méridionaux*, Prague, 1851 ; 2e édition, Prague, 1873.

(2) Camerarius (en allemand Kammermeister), né à Hambourg, en 1500, n'était pas seulement un humaniste classique distingué. Il s'était occupé aussi de l'histoire des frères bohêmes (*Historica narratio de fratrum ecclesiis de Bohemia*, etc.), et c'est sans doute ce travail qui avait appelé sur lui l'attention de Schaffarik.

Cogitavi multa, tentavi aliqua, feci paucula,
Inchoata sunt relicta generis omnis plurima ;
Otium neque suppetit, nec tanta vis fuit ingenii
Ut liceret instituta corrigendo absolvere
Aut caput quasi corpori informato adhuc imponere.

Après la mort de ce génie trop méconnu, la Bohême sa patrie adoptive, lui rendit les honneurs qu'elle n'avait pu lui accorder de son vivant. Ses livres et ses manuscrits furent achetés pour le Musée national et son buste fut placé dans cette bibliothèque qu'il avait si longtemps administrée.

VI

LE POÈTE SVATOPLUCK CZECH

Les deux grands maîtres de la poésie tchèque ont été dans ces dernières années Vrchlicky et Svatopluk Czech. Vrchlicky vit encore, grâce à Dieu ; mais sa santé donne de graves inquiétudes à ses compatriotes. Svatopluk Czech est mort en 1908. La postérité a commencé pour lui. Je n'ai pas la prétention de résumer ici toute sa production. Elle comprend plus de vingt volumes, vers et prose. Je voudrais seulement offrir une idée de la biographie de l'auteur et de la valeur de son œuvre. Elle a donné lieu à de nombreuses publications du vivant même de l'auteur. La plus importante est celle de M. Flajshans, professeur dans un gymnase de Prague, qui a consacré à notre poète, à l'occasion de son soixantième anniversaire, tout un volume de biographie et d'analyse (1).

(1) Prague, librairie Topicz, 1906.

I

Svatopluk Czech est né en 1846 à Ostredek, dans le cercle de Beneszov, au sud de Prague, au plein cœur de cette nationalité tchèque dont il portait le nom ; il appartenait à une famille d'agriculteurs. Son père était intendant d'un grand domaine rural. C'était un bon patriote tchèque qui trouva le moyen de se compromettre et même d'être quelque temps emprisonné au mois de juillet 1848. Il était slave de cœur et le poète se rappelait que pendant la guerre de Crimée il avait fait des vœux ardents pour le triomphe de la Russie.

Élevé pendant ses premières années à la campagne, l'enfant trouva dans la bibliothèque paternelle des traductions d'œuvres romantiques, de Chateaubriand, de Gogol, de Grillparzer, qui exaltèrent de bonne heure son imagination.

Il fut d'abord envoyé au gymnase de Leitmeritz pour apprendre l'allemand, dont la connaissance était indispensable à qui voulait embrasser une carrière libérale. Il s'éprit de l'idéalisme de Schiller et du romantisme de Byron.

En 1858 il passa à Prague et fut mis en pension dans un *convict* (internat) où les Tchèques et les Allemands recevaient une éducation plutôt germanique. L'année suivante il assista au jubilé de Schiller qui fut célébré par les Allemands, mais qui donna lieu à des contre-manifestations de la part des Slaves. Les querelles étaient fréquentes d'ailleurs entre Tchèques et Allemands. Dans ces querelles Czech ne manquait jamais d'évoquer le souvenir des grands ancêtres, de Zizka et de ses compagnons hussites.

Il lisait en cachette les œuvres de Macha, qui était alors le coryphée de l'école romantique ; il dévorait le *Caïn* de Byron, les drames de Shakespeare, les œuvres de Pouchkine, de Mickiewicz et de Lermontov. S'il est un poète qui ne procède pas des influences françaises, c'est bien assurément celui-là. Il commença de très bonne heure à griffonner des vers dans sa langue maternelle.

Les années de réaction qui avaient suivi la période orageuse de 1848 avaient été au point de vue de la production poétique des années stériles. Comme naguère en France chez les Provençaux, les rares poètes tchèques étaient réduits à publier leurs œuvres dans des almanachs. Celui qui réussit le mieux s'appelait *Mai*, nom plein d'espoir — emprunté, j'imagine au célèbre poème de Macha — mais qui ne permettait pas encore de compter sur une riche moisson.

Elle allait lever cependant, cette moisson. *Mai* parut à dater de 1858 durant onze années consécutives et groupa autour de lui les poètes de la jeune école sous les auspices de Joseph Fricz, de Halek et de Neruda. Les collaborateurs de *Mai* réussirent à ressusciter ou plutôt à créer la presse littéraire. Dans les recueils qu'ils fondèrent successivement : les *Tableaux de la vie* (1859-1862), *la Chronique de la famille* (1862-1865), *la Belle Prague* (1864-1865), *les Fleurs* (1865-1872), la poésie occupa toujours une place prépondérante.

Il se formait à cette époque des sociétés plus ou moins mystérieuses auxquelles les étudiants dès le collège s'agrégeaient volontiers. Le jeune Czech se joignit à un groupe qui s'appelait l'Oreb en souvenir des Hussites qui aimaient à donner des noms bibliques à leurs forteresses. Dans un recueil éphémère, *le Tilleul*, Czech écrivait des vers qu'il signait *Nevolny* (l'esclave). En sa qualité de collégien, il était obligé de garder l'anonyme. De temps en temps cependant ses camarades donnaient libre carrière à leur patriotisme. Un professeur allemand s'étant permis d'appeler les compagnons de Zizka (1) une canaille fanatique armée de fléaux, des murmures violents lui firent comprendre que les Tchèques étaient en nombre dans sa classe et qu'ils n'étaient pas disposés à laisser insulter leurs ancêtres.

En 1863 Czech remporta, dans un concours organisé par une revue de province, un prix de poésie pour une ballade intitulée *Songe de Noël*. Il commença un drame qu'il n'a jamais achevé et qui au dire de ses camarades rappelait la manière de Schiller.

A peine échappé du gymnase il s'affilia à un petit cénacle littéraire qui s'appelait le *Ruch* (le mouvement); les membres de cette société se donnaient le titre de frères et prenaient chacun un nom de guerre. Je sais un grave juriste, aujourd'hui correspondant de

____

(1) Voir mon étude sur Zizka dans le troisième volume des *Études slaves*.

notre Institut, qui en ce temps-là s'appelait Suk (la mauvaise tête), un futur homme politique qui s'appelait Karlinsky. Pour montrer sa joie de collégien émancipé, Czech échangea son pseudonyme de Nevolny (esclave) contre celui de Volny (libre). Après avoir fait son droit, il entra dans une étude d'avoué et dut pour vivoter, donner des leçons quand il en trouvait. C'est peut-être bien son histoire qu'il nous a rapportée dans celle de ce pauvre diable réduit aux abois, comptant uniquement sur une pièce de monnaie qui se trouve être un bouton usé.

Le 13 juin 1866 Czech signa pour la première fois de son nom une poésie publiée dans une petite revue, *Lumir*, qui allait bientôt disparaître. Le 3 juillet, Prague était occupée par les Prussiens et les patriotes se demandaient avec inquiétude si leur patrie ne serait pas la rançon de la paix et si leur campagne de résurrection nationale n'allait pas irrémédiablement échouer. Il n'en fut rien. Le gouvernement autrichien exclu de l'Allemagne se trouva désormais en face de ses peuples. Mais Czech n'était pas un homme politique. Une ballade publiée en décembre 1867, *les Candioles*, fut son premier succès littéraire.

En 1868, dans l'almanach *Ruch*, il publia son poème *le Hussite sur la Baltique*. Il y invoquait un épisode historique célèbre dans l'histoire de son pays, l'expédition du roi de Bohême Przémysl Ottokar contre les chevaliers teutoniques. C'est à cette expédition que se rattache la fondation de Kœnigsberg. Cette ville doit son nom (la montagne du Roi) à Ottokar, qui en fut le véritable fondateur. Les Tchèques aiment à évoquer ces souvenirs lointains d'un passé glorieux.

Les vers publiés dans des almanachs ou des revues éphémères ne faisaient pas tomber le moindre kreutzer dans la bourse du poète. Il dut s'abaisser à la prose, collaborer à une revue illustrée et à un journal quotidien où il rédigea des feuilletons, c'est-à-dire des articles de fantaisie, des causeries. Sur les vingt volumes qui constituent ses œuvres complètes, il en est douze qui sont occupés par des feuilletons, des romans, des nouvelles, des fantaisies humoristiques en prose.

C'est grâce à la prose qu'il put s'émanciper de la basoche et renoncer à l'étude d'avoué où son talent se morfondait.

A dater de 1873, il prend définitivement possession de lui-même. Deux de ses amis, Neruda et Heller, ressuscitent la revue *Lumir* et Czech lui donne son épopée des *Adamites* empruntée au cycle hussite, qui est pour la Bohême une source inépuisable de scènes historiques, de romans et de poésie. Les conditions d'existence de la presse littéraire étaient terriblement dures à cette époque. Malgré toute l'énergie et le talent de ses collaborateurs, le *Lumir* au bout de six mois n'avait encore que quatre cents abonnés.

En 1874, Czech réunit ses vers en un volume. Cette même année la société pour l'encouragement des lettres tchèques, le « Svatobor » lui accordait une bourse de voyage de six cents florins. Ce ne fut ni vers la France, ni vers l'Italie, que le lauréat dirigea ses pas. Ce fut vers le Caucase et la Crimée, où l'attiraient évidemment les souvenirs de Mickiewicz, de Lermontov et de Pouchkine. Il traversa la Galicie, la Russie méridionale, visita la Crimée, franchit la mer Noire. De Tiflis, où il avait rencontré une petite colonie tchèque, il poussa jusqu'à Batoum qui dans ce temps-là appartenait encore aux Turcs, longea la côte septentrionale de l'Asie-Mineure et regagna Constantinople, d'où il revint par Vienne dans son pays. Il n'était pas cosmopolite. S'il l'avait connu, il aurait volontiers paraphrasé le vers de Voltaire :

Plus je vis l'étranger, plus j'aimai mon pays.

Ce sentiment, il l'a exprimé en vers attendris et pittoresques :

Quand je revins des pays lointains, ému du charme et de l'éclat des paysages étrangers, dans mon âme flamboyaient les aurores enchantées de l'Orient et la blanche Constantinople, rêve magique, et la mer riante de saphir et d'émeraude. Mais quand j'aperçus pour la première fois la forêt de Bohême, les chaumières, les champs, les prairies en fleurs, et, dans la brume du matin, la silhouette de Prague aux cent tours, un soupir de bonheur s'échappa de mon sein : « O ma Bohême, ma belle Bohême ! »

En 1876, Czech publia un volume de récits en prose : ils sont la plupart d'un caractère humoristique. Tandis qu'ils voyageait en Orient, son confrère le poète Neruda, qui était en même temps feuilletonniste et critique, rendait compte de ses poésies dans la *Gazette nationale*.

Czech, disait-il, est parti sur la route qu'ont suivie naguère les Argonautes. Il verra la mer se déchaîner autour de lui, et le soleil jaillir des ondes salées. Du haut des cimes asiatiques, il contemplera la beauté sauvage du Caucase ; il se reposera sous les palmiers ; il promènera ses pas dans ces régions où le laurier croît sur la tombe des héros et il nous rapportera la toison d'or de nouvelles conceptions poétiques.

II

Ces nouvelles conceptions, Czech rêvait de les publier dans un recueil bien à lui, qui le mît à l'abri du caprice des directeurs ou des éditeurs. D'accord avec son frère Vladimir Czech et Servac Heller, qui étaient tous deux des littérateurs de talent, il fonda une revue mensuelle qui portait le nom poétique de *Kviély* (les fleurs). Après un mois, elle ne comptait que seize abonnés ! Mais, au bout de quelque temps, le succès se dessina. L'existence de la revue assurait celle du poète qui, ayant perdu son père, pouvait désormais se livrer sans arrière-pensée à la pratique des lettres.

C'est dans cette revue qu'il a publié quelques-unes de ses œuvres les plus importantes : en vers des épopées, *Zizka, Vacslav de Michalovice, Dagmar* ; en prose, des romans, *le Candidat à l'immortalité, Icare, l'Excursion de M. Brouczek dans la lune.*

En 1882, il entreprit un voyage au Danemark pour recueillir les matériaux d'un poème historique, *Dagmar.* Dagmar, c'est le nom scandinave d'une princesse tchèque, Marguerite fille du roi de Bohême Przémysl Ie,

qui épousa en 1204 le roi de Danemark Valdemar II
et dont le souvenir est resté populaire chez ses sujets
scandinaves. On voit encore son tombeau à Ringsted
en Danemark. Czech se plut à évoquer l'image de cette
fille de Bohême, exilée sous les brumes du nord et le
poème qu'il lui a consacré compte parmi ses œuvres
les meilleures.

En 1885, une expédition de Tchèques établis en
Amérique revint tout exprès à Prague pour visiter ce
théâtre national dont j'ai raconté ailleurs la captivante
histoire (1). Ce fut Svatopluk Czech que l'on chargea
d'écrire le prologue de circonstance qui devait saluer
les compatriotes d'outre-mer. L'année suivante, en
s'inspirant tour à tour de Swift et de Jules Verne, il
publiait un roman satirique dont il serait fort difficile
de faire apprécier le sel à des lecteurs étrangers,
M. Brouczek dans la lune.

En 1890 il fut l'un des premiers membres de l'Académie tchèque récemment fondée sur l'initiative et
grâce à la libéralité d'un mécène, l'architecte Hlavka.
Il n'avait pas le tempérament voulu. Il préférait à
l'atmosphère académique celle des brasseries solitaires
où il pouvait savourer en paix, en compagnie d'une
chope de Pilsen, le cigare qui ne le quittait jamais.
Au bout de quelques années il donna sa démission. Il
aurait pu dire de lui-même, comme faisait notre Ducis :
« Je suis un canard sauvage. »

A diverses reprises il avait accepté des prix prove-

____

(1) Voir mon livre sur Prague (Librairie Laurens, chap. XI).

nant de fondations patriotiques. En 1892 le ministère de l'Instruction publique de Vienne lui fit offrir un subside de six cents florins (douze cents francs). Il refusa, ne voulant rien devoir à l'étranger.

En 1892 ses compatriotes célébrèrent la vingt-cinquième année de ses débuts dans la littérature. Cette fête coïncidait avec le quarantième anniversaire du glorieux rival de Czech, le poète Vrchlicky. La municipalité de Prague leur conféra un titre qui n'est pas usité dans nos pays d'Occident, celui de bourgeois d'honneur et y joignit une subvention qui, venant de compatriotes, pouvait être acceptée. La ville de Prague est vraiment l'âme de la nation tchèque. Nous savons, pour l'avoir constaté sur les bords de la Vltava et de la Seine et sur le champ de bataille de Crécy, avec quel tact, quelle énergie, quelle intelligence elle sait être à l'occasion la représentante officielle d'une patrie qui n'a point de corps diplomatique. Elle a conscience de son rôle international et il ne lui arrive pas de commettre, dans ses relations avec ceux qui ont bien mérité de la patrie tchèque, les erreurs auxquelles se livrent parfois des corporations qu'on aurait lieu de croire plus éclairées et mieux informées des services rendus à leur nation.

Czech justifia l'enthousiasme de ses compatriotes par la publication du volume intitulé *Chants d'un esclave* qui parurent pour la première fois en 1894 et dont trente éditions n'ont pas épuisé le succès. Ce succès provoqua des manifestations enthousiastes et fit pénétrer le nom de l'auteur jusque dans les couches les plus humbles de la population. La ville de Karlin nomma le poète député au Reichstag autrichien. Les hommages lui arrivaient de tous les côtés. Ces hommages effrayèrent certains patriotes timorés ; exaspéré de leurs scrupules, Czech donna sa démission de député et de membre de l'Académie tchèque,

Quand on observe de très près et avec beaucoup de symphatie, comme je le fais depuis près d'un demi-siècle, les manifestations de l'esprit public en Bohême, on a parfois des sujets de s'étonner ; mais il ne faut point oublier que les Tchèques ne sont pas absolument les maîtres chez eux, que la situation de la Bohême n'est pas celle de la Hongrie : Prague dépend de Vienne et, si les exaltés s'efforcent de l'oublier, il y a des opportunistes qui s'en souviennent peut-être plus qu'il ne faudrait.

Arrêtons-nous un peu sur les *Chants d'un esclave* ; nous ne pouvons dans le cadre restreint de cette esquisse analyser l'œuvre entière du poète.

Le succès de cet ouvrage n'est pas seulement dû à la perfection impeccable de la forme, qui rappelle les plus belles pièces d'Hugo ou de Leconte de l'Isle, Il est dû surtout, j'imagine, aux allusions nombreuses que les patriotes tchèques ont cru y découvrir. Envisagé à ce point de vue, ce recueil joue dans l'œuvre de Czech le même rôle que *Conrad Wallenrod* (1) dans l'œuvre de Mickiewicz.

Voici par exemple des strophes que chantent les

(1) Voir mon étude sur Adam Mickiewicz. *Russes et Slaves* (3ᵉ série), p. 170 et suivantes.

galériens au bord de la mer, et tout le monde sait
que — sauf dans une comédie de Shakespeare — la
Bohême ne touche point l'Océan :

Nous fûmes des hommes libres ; ce pays nous appartenait. Pour nous étaient nos labeurs et pour nous nos semen-
ces ; nous gardions notre domaine, contre tous, nous menions
des guerres victorieuses pour notre foyer et notre honneur.

Ce pays « qui nous appartenait », c'est évidemment
la Bohême slave asservie et dominée par une race
étrangère. Sera-t-il jamais affranchi ? Le poète paraît
en désespérer. Une autre chanson se termine par cette
strophe mélancolique :

Déjà ma tête s'incline et mes cheveux blanchissent,
mon sombre automne ne connaît plus d'espérance. Je sais
que mes mains enchaînées ne briseront pas leurs fers et
qu'ils reposeront avec moi dans la tombe.

Ailleurs un chœur d'esclaves chante :

Une race étrangère nous foule dans la poussière, nous
injurie dans une langue inconnue ; un double joug pèse sur
nos épaules.

Le coup de fouet de l'étranger s'imprime plus profondément dans la chair, nos lèvres n'osent émettre que des
paroles craintives ; car un maître étranger en déteste le son.
Tout ce qui nous est le plus cher, il le hait ; ce qu'il veut
nous est odieux. Il voudrait nous arracher la voix de notre
sang, les insignes, la mémoire et la langue même de nos
ancêtres.

Parodiant une chanson célèbre de Lermontov, la
Berceuse cosaque, un grand poète russe, Nekrasov,

avec lequel Czech offre plus d'un trait de ressemblance,
a écrit la *Berceuse du fonctionnaire* :

Tu grandiras et bientôt tu connaîtras ce monde chrétien. Tu achèteras un frac vert foncé et tu prendras une
plume. Tu diras : « J'ai de bonnes intentions, Je suis pour
le bien. » Dors. Je ne suis pas inquiet de ton avenir. Dodo !
l'enfant do !

Tu auras l'aspect d'un fonctionnaire et l'âme d'un drôle.
En un jour tu apprendras à plier l'échine avec élégance.
Dors espiègle tandis que tu es encore un innocent. Dodo !
l'enfant do !

Non moins amère, mais plus douloureuse, est la
berceuse que la mère du jeune esclave chante à son
fils :

On t'ordonnera d'honorer dans la poussière les auteurs de
nos maux. Ton esprit enfantin boira tout d'abord le poison
de la servitude. Pour n'être qu'un instrument au nom du
maître, étouffe en toi les moindres vestiges de tes rêves de
liberté.

Et quand tu seras arrivé à l'âge adulte, idole des vierges
rêveuses, on t'emmènera, le joug au dos, sous l'étendard du
souverain. On t'enverra au combat verser pour son honneur
et sa gloire ton jeune sang vigoureux.

Pour lui, de ta sueur, jusqu'à la tombe tu arroseras le
sol ou, ce qui est pire, tu porteras la livrée de ses laquais ;
tu exploiteras tes propres frères. Tu l'aideras à plier leurs
têtes sous une pire servitude. Ferme les yeux, mon chéri,
et pour la vie misérable de l'esclave, ne te réveille pas.

Si — comme je l'imagine — dans ces chants d'un
esclave, il s'agit réellement des destinées de la race
tchèque dominée par les Germains, le poète est terri-

blement dur pour ceux de ses compatriotes qui servent le régime autrichien ou qui en acceptent des distinctions honorifiques. Nous avons dit plus haut avec quelle énergie il avait refusé la subvention qu'on offrait à Vienne. Il eût de même refusé toute distinction honorifique, si j'en juge par les vers suivants :

Tout tremblant sur sa natte, il digère, le vieil esclave, près de son pot de riz gâté et il baise humblement le fouet dont il fut cent fois battu. Pour se moquer de lui, son seigneur lui a pendu au cou une plaque de fer blanc et notre bonhomme dans sa joie enfantine dresse la tête au-dessus des autres. On l'a donné pour modèle aux esclaves !

Ni Hugo, ni Mme Ackermann, ni Richepin, n'ont rien écrit de plus haut que les strophes enflammées où le poète slave revendique la liberté de conscience. Pour bien les comprendre, il faut se rappeler que la Bohême hussite, autrement dit hérétique, fut ramenée à l'orthodoxie catholique par la violence et la persécution :

Même notre Dieu nous a été imposé par le Maître et il nous ordonna de croire que c'est par Dieu que le fouet nous a été infligé, que les fers nous ont été mis. Humiliez-vous, inclinez-vous devant le Seigneur de la voûte étoilée !

Humiliez-vous ! Inclinez-vous devant le Maître de la terre. Seules, l'humilité et l'obéissance ouvrent les portes des cieux et la plus belle parure d'une âme est la dévotion envers le Maître.

Ainsi le sentiment le plus sacré de l'humanité est au service du Maître des esclaves. Sur la face même de la divinité est gravée celle de son visage insolent, et un chœur de prêtres menteurs, le dos courbé, lui chante des hymnes à l'envi, soutient sa puissance et appelle la malédiction sur toute tête qui veut se redresser.

Jadis la bouche d'un adorable prophète prêchait l'égalité des hommes et, brisant les chaînes de l'esclave, les a tous liés du lien de l'amour. Mais la troupe menteuse de ses disciples a pris l'envers de sa doctrine. A nous pauvres, elle exalte le saint exemple. Elle a pris sa part du pouvoir; à l'ombre de la faveur du Maître, elle jouit de son misérable butin et en revanche elle bénit des fers, amère ironie, au nom du Maître !

O notre Dieu, Dieu juste, écoute ! Dieu des misérables serfs, toi qui ne revêts pas ton autel d'or, ni tes prêtres de soie, toi qui trônes dans la majesté de la nature et dans le battement des cœurs simples, toi grand Dieu de la liberté dresse ta main puissante, arrache nos chaînes séculaires, relève nos fronts de la poussière et, dans les temples de la liberté, proclame ta loi juste !

Pourtant le poète ne veut pas désespérer et il fait entrevoir à ses lecteurs... c'est-à-dire à ses compatriotes, l'espoir d'un meilleur avenir :

Dans ma nuit est tombée la lumière fraîche de l'aube. Elle m'a apporté une consolation; elle m'a dit que l'ombre de nos ancêtres est pourtant restée sur nous, que la violence des tyrans n'a pourtant pas sucé tout le sang de nos veines. Salut à toi, aube printanière, qui, dans les angoisses de la nuit, nous annonces les joies prochaines du salut.

Pour hâter cet heureux jour, il invite tous ses concitoyens à la concorde et à la persévérance :

Je vois des efforts dispersés, j'entends une cacophonie de mots d'ordre divers... Tous les matins un nouveau chef se lève. Ah ! si plutôt toutes les mains s'unissaient en un faisceau fraternel ! Que tous les efforts divergents s'effacent devant un effort unique : arracher notre col au joug.

Ces vers font-ils allusion aux tendances parfois divergentes des jeunes et des vieux Tchèques pour réaliser l'idéal national ? Je serais tenté de le croire.

En dépit des tendances souvent pessimistes de l'auteur, le volume se termine par de consolantes prophéties :

Je sais qu'elle brillera, à coup sûr, l'aurore des jours meilleurs, et que de nos visions s'accomplira au moins une grande partie. Assurément il ne me sera pas donné de secouer le joug qui pèse sur ma vieillesse; ma tête chenue s'incline vers une terre asservie, mais vous, ô mes jeunes amis, vous poserez un pied heureux sur le rivage ensoleillé de la liberté... Concentrez toutes vos énergies jusqu'à l'heure de l'action. Alors un peuple libre et fraternel verra tomber ses chaînes et notre drapeau, mes frères, flottera dans la sérénité de l'azur.

III

J'ai dû particulièrement insister sur ce recueil, qui marque l'apogée de la vie du poète. Le 21 février 1896, les Tchèques tinrent à célébrer avec solennité le cinquantième anniversaire de sa naissance. On pourrait constituer toute une bibliothèque avec les hommages littéraires que Czech reçut à cette occasion. Ces hommages, toutefois, ne le retinrent pas longtemps à à Prague. Il n'aimait pas la vie fiévreuse des villes « où l'homme est esclave des besoins factices ». Il répondait

avec enthousiasme à l'appel que lui adresse la nature
dans un de ses poèmes :

Oh ! reviens dans mes bras, enfant ! Là tu te rajeuniras
jusqu'au fond de ton âme, tu sentiras dans tout ton être une
fraîcheur bénie, tu te réveilleras d'un sommeil fiévreux. Ma
sève pénétrera dans tes veines. Tu connaîtras le charme des
vies droites. Plus près de ton origine et de ta fin, tu retrou-
veras chez moi l'heureuse harmonie de ton âme.

Dans la solitude où il s'était retiré il méditait un
poème dramatique emprunté à la période hussite qu'il
avait déjà chantée dans les *Adamites* et qui est pour
les Tchèques la grande période de leur histoire.

Le héros devait être Rohacz de Sion, l'un des plus
vaillants compagnons de Zizka. Suivant une coutume
répandue chez ces guerriers farouches qui s'intitulaient
les champions de Dieu et de sa loi, Rohacz avait donné
à son château le nom de Sion. Ce château fut pris au
début du mois d'octobre 1437 et quelques jours après
Rohacz, après avoir subi la torture, fut pendu avec
cinquante-deux de ses compagnons. Malheureusement
Czech n'a point terminé son œuvre, il n'en a écrit qu'un
prologue et les trois premiers actes. Ces fragments
grandioses font regretter qu'il n'ait pas eu le temps ou
le courage d'achever son drame.

A dater de l'année 1900, il commença à réunir ses
œuvres complètes qui forment vingt volumes, dont
quelques-uns ont déjà eu plusieurs éditions. Il faudrait
pour en donner une idée complète dépasser de beaucoup les limites dans lesquelles je suis enfermé ici.

La mort le surprit pendant un séjour à Prague le 23 février 1908. Ce fut un deuil national. Le 1er mars suivant il fut enseveli au cimetière du Vysehrad, où reposent la plupart de ses illustres compatriotes.

C'était un patriote ardent, un apôtre passionné de la solidarité slave. Sa vie tout entière avait été celle d'un homme de lettres, d'un poète désintéressé. Il croyait à l'avenir de son peuple ; il ne cessait de l'engager à ne point désespérer. Au point de vue littéraire il fut surtout un poète slave : parmi ses prédécesseurs tchèques, il s'inspira surtout de Kollar, de Czelakovsky, de Macha et de Neruda ; parmi les Slaves, de Pouchkine et de Lermontov chez les Russes ; de Mickiewicz et de Slovacki chez les Polonais; parmi les étrangers de Byron et quelque peu des romantiques allemands. Les littératures romanes n'avaient guère exercé leur action sur lui, la française — sauf peut-êre Jules Verne — moins que toute autre. Il n'était venu qu'une fois en France et ce n'est pas du côté de ce pays qu'il tournait ses regards.

En littérature, depuis ses débuts, il n'avait guère rencontré que des succès. Ses compatriotes se plaisent à ce propos à raconter une plaisante anecdote. Lorsque parut l'*Almanach des étudiants tchèques*, Neruda, qui était alors le prince de la critique, se plut à relever le nom de deux débutants : Svatopluk Czech et Jean Vrany, or Vrany était tout simplement le pseudonyme de Czech.

Czech n'était pas comme son illustre confrère Frida Vrchlicky un poète de l'art pour l'art. S'il les avait

connus, il eût volontiers pris pour épigraphe les vers
de Hugo :

> Malheur au barde qui s'exile
> Et s'en va, penseur inutile,
> Par la porte de la Cité.

Dans sa *Confession* il se reproche d'avoir préféré le
calme à la lutte, mais dans les *Chants du matin* il
tient le langage d'un homme d'action :

On ne peut pas toujours abaisser de haut un regard
superbe sur les foules qui luttent et planer indolent, inactif,
au-dessus des flots agités. L'heure vient parfois où il est
déshonorant de cacher ses couleurs dans la lutte, où il faut
peindre sur son écu le blason de ses convictions.

Je n'aime guère la mêlée quotidienne où écument les passions tumultueuses. Je ne veux point à tout propos et sans
raison suivre l'étendard des partis. Mais là où la cause juste
appelle des défenseurs, dans les rangs, toujours fièrement,
je dresserai sur mes épaules fidèles l'écu teint de mes couleurs.

Là où l'aigle blanc vole vers l'aurore, là où le tilleul
gigantesque appelle sous son large feuillage les nombreux
fils de la grande Slavie, là où l'amour et la concorde présa-
gent à tous la résurrection, là est ma place.

C'est là qu'on me verra toujours à l'aile la plus avancée.

Pour comprendre cette dernière strophe il faut se
rappeler que l'aigle est le symbole héraldique de la
Pologne et de la Russie et que le tilleul est l'arbre
national des Slaves, comme le chêne est celui des Allemands. Le poète n'eut aucune occasion d'essayer de
suivre l'aigle dans son vol ; il se contenta de chanter à
l'ombre du tilleul slave.

Malgré les déceptions et les amertumes de l'heure présente, il gardait une foi invincible dans l'avenir de sa race.

Cette foi, il l'a exprimée en de beaux vers que ses compatriotes aiment à répéter :

Ne croyons à personne en ce vaste monde. Nous n'y avons pas un seul ami.... Ne croyons qu'en nous-mêmes, en notre labeur, en notre persévérance. Ne croyons qu'en notre saint enthousiasme pour nous-mêmes, ne croyons qu'en la confiance de la race slave.

Et ailleurs :

Nous sommes faibles, petits. Assez de ces propos ! Celui-là seul qui désespère ainsi est faible et petit. La Grèce était plus petite que Rome ; mais son front immortel a touché les étoiles.

Comme ils semblaient ridicules, les fléaux de nos pères, quand le monde entier se dressa contre eux ! Et voici qu'un chef aveugle a tenu en échec le monde entier et que l'éternelle Rome s'est inclinée devant Tabor (forteresse hussite).

Celui-là seul est faible qui a perdu la foi en lui-même et petit celui qui ne poursuit qu'un petit objet.

Dans le même ordre d'idées, Svatopluk Czech a écrit en prose :

Ne comptons pas sur le concours et la bienveillance des étrangers. Ils ne nous offriront pas un atome, sauf ce que nous leur arracherons dans une lutte acharnée. Ayons l'œil toujours tourné vers nos frères slaves, quand même ils répondraient à notre affection par la froideur ou même par un dédain aristocratique. Mais avant tout dressons bien haut notre drapeau et qu'il porte pour devise notre infatigable labeur !

C'est sur ces paroles que je voudrais finir une esquisse qui n'a pas la prétention d'épuiser l'œuvre du
poète ni celle du prosateur. Je serais heureux si elle
pouvait donner à quelque esprit curieux le désir de les
étudier en détail et d'en traduire des extraits ou de les
résumer en français. Mais, hélas ! combien sont-ils,
ceux de nos compatriotes qui peuvent les aborder dans
le texte original ?

VII

UN HOMME D'ÉTAT AMI DE LA FRANCE
LADISLAS RIEGER

I

Ladislas Rieger naquit le 10 décembre 1808, à Se-
mily, dans le nord de la Bohême. Sa famille était de
bonne vieille bourgeoisie. Son père, Vacslav Rieger,
exerçait la profession de meunier, et il rêvait de trans-
mettre à son fils son moulin, qui depuis le dix-septième siècle était héréditaire dans la famille. Notons en
passant que chez les Slaves occidentaux, les grands
agitateurs politiques sont sortis des classes populaires.
Palacky, le grand historien de la Bohême, était le fils
d'un pauvre maître d'école qui avait commencé par
être tailleur. L'évêque Strossmayer avait pour père un
marchand de chevaux absolument illettré.

Le père du jeune Ladislas, sans consulter les goûts

de son fils, l'avait fait inscrire dans le cadre de la corporation des meuniers, et lui avait fait donner tour à tour les titres d'apprenti, de compagnon et de maître Ne voulant pas heurter de front la volonté paternelle, le fils respectueux se laissa faire; mais il s'inscrivit secrètement à la Faculté de droit de l'université de Prague, passa en cachette ses examens de première année. Le père fut touché par tant d'énergie et lui permit de continuer ses études. C'était le moment où la nationalité tchèque s'efforçait de secouer la domination germanique, qui pesait sur elle d'un poids si lourd et depuis si longtemps. Tous les moyens semblaient bons pour une lutte si inégale. En 1840 et 1841, on organisa pour la première fois, par souscription, des bals purement tchèques, où les Tchèques seuls figuraient, et dont les invitations et les affiches étaient rédigées en langue tchèque. Ladislas Rieger eut de grands démêlés avec le directeur de la police, qui exigeait que l'allemand figurât au moins sur les invitations, à côté et même au-dessus du tchèque. Rieger tint bon contre la police, mais elle lui garda une rancune qu'elle ne tarda pas à satisfaire. L'étudiant avait reçu chez lui un émigré polonais suspect d'entretenir dans sa patrie une agitation révolutionnaire. Un jour, son domicile fut envahi ; il fut jeté en prison et ne fut relâché qu'au bout de dix-sept jours. A beaucoup de jeunes patriotes, la Pologne et la Bohême semblaient alors avoir des intérêts communs et poursuivre des carrières parallèles ; pendant un séjour à Vienne, Ladislas Rieger s'était lié avec des étudiants polonais, et il avait appris leur langue, que je lui entendis parler plusieurs fois avec beaucoup d'aisance. Il resta fidèle aux sympathies de sa jeunesse; mais les circonstances l'amenèrent plus tard à penser qu'il n'y avait pas une identité absolue entre les intérêts des deux nations.

Tout en travaillant dans l'étude d'un avocat il continuait de prendre part à tous les efforts tentés par ses compatriotes pour organiser la vie nationale. En 1844, il fut l'un des fondateurs du cercle des bourgeois (*Mestanska beseda*), société purement tchèque qui a joué naguère un grand rôle dans la vie sociale de Prague, à l'époque où cette capitale s'efforçait de se créer une vie slave indépendante.

L'année suivante il faisait partie d'un comité qui demandait aux États de Bohême, c'est-à-dire à la diète, l'ouverture d'un théâtre national tchèque, établi non pas sur le budget de l'empire ou du royaume, mais aux frais des particuliers, dès qu'une société d'actionnaires se serait constituée. Les signataires de cette pétition étaient au nombre de cent trente-quatre; c'étaient tous des bourgeois, avocats, médecins, négociants; un seul noble figurait parmi eux. L'élan qu'ils avaient donné gagna bientôt l'aristocratie.

En 1846, un comité de trente membres fut nommé; il était présidé par le comte Mathias Thun et comptait treize nobles parmi ses membres.

Au mois de juin 1847, Ladislas Rieger prit le titre de docteur en droit.

La révolution de 1848, qui eut son contre-coup immédiat à Prague et à Vienne, le surprit en Italie du rant un voyage qu'il avait entrepris pour refaire sa santé ébranlée par un labeur excessif. Il se replia immédiatement sur l'Autriche ; il rencontra à Vienne la députation de ses compatriotes qui était venue porter à l'empereur la pétition dans laquelle ils réclamaient la reconstitution du royaume historique de saint Venceslas (Bohême, Moravie, Silésie), avec une diète centrale et unique siégeant à Prague, l'établissement d'un ministère responsable pour le royaume et la reconnaissance des droits égaux (gleichberechtigung) des deux nationalités slave et allemande. Rieger se joignit à la députation et ce fut lui qui se chargea de traduire en langue tchèque les documents émanés de la chancellerie de Vienne. Il rentra à Prague par la Moravie ; à Olomouc (Olmütz), à la suite d'un discours où il engageait les Moraves à se joindre à leurs frères les Tchèques, il faillit être maltraité par les Allemands et fut sauvé par l'enthousiasme des étudiants slaves.

De retour à Prague, il fit partie du comité national ; là, il se rencontra avec l'historien Palacky dont il devait devenir plus tard le gendre et avec lequel il se trouvait en parfaite communion d'idées.

Au moment même où les Bohêmes essayaient de faire à leur royaume une place dans une Autriche régénérée, les pangermanistes allemands rêvaient de l'absorber dans leur grande Allemagne ; le ministre autrichien Pillersdorf invitait la Bohême à envoyer des députés à Francfort. On sait avec quelle fermeté Palacky déclina l'honneur d'aller représenter son pays aux grandes assises du monde germanique.

« Je ne suis point Allemand, écrivait-il aux pangermanistes de Francfort, je suis Tchèque, d'origine slave, et le peu que je vaux est consacré au service de ma nation. Cette nation est petite, mais elle constitue depuis ses origines une individualité historique ; ses princes sont entrés dans le concert des peuples allemands, mais le peuple lui-même ne s'est jamais considéré comme allemand... Le maintien, l'intégrité, le développement de l'Autriche sont d'une haute importance, non seulement pour mon peuple, mais pour l'Europe entière, pour l'humanité et pour la civilisation elle-même... Si l'État autrichien n'existait pas, il faudrait l'inventer dans l'intérêt de l'Europe et de l'humanité. »

Les Allemands de Bohême envoyèrent leurs députés à Francfort : les Tchèques se refusèrent à suivre leur exemple. C'était la première fois qu'ils avaient l'occasion, par un acte négatif, de manifester leur nationalité à la face de l'Europe.

Pour répondre à la propagande des pangermanistes, les patriotes slaves eurent l'idée de convoquer, à Prague, un congrès des représentants de leur race. Rieger fut de ceux qui signèrent la proclamation par laquelle ce congrès était convoqué. Il fit partie du comité d'organisation ; mais il ne put prendre part aux séances.

Lorsqu'on apprit à Prague que l'empereur Ferdinand, épouvanté par les progrès de l'esprit révolutionnaire à Vienne, avait fui à Inspruck (19 mai), laissant d'ailleurs son gouvernement dans la capitale, les

Tchèques affectèrent de croire que ce gouvernement n'était plus libre et n'était plus d'accord avec le souverain. Le lieutenant royal à Prague, le comte Thun, d'accord avec le comité national qui fonctionnait toujours, organisa un gouvernement provisoire composé de huit membres : Palacky, Rieger, Brauner, les comtes Wurmbrand et Nostitz, Strobach et Herzig ; Rieger et Nostitz furent envoyés auprès de l'empereur à Inspruck pour lui demander la ratification du gouvernement provisoire et la convocation de la diète. Ils obtinrent satisfaction.

Quand ils revinrent à Prague le 17 juin, ils se virent arrêtés aux portes de la ville par des soldats en armes ; ils apprirent qu'une insurrection avait éclaté, que le Congrès slave avait été dissous, que la ville avait été bombardée et l'état de siège proclamé. Ce n'était plus à Thun qu'ils avaient affaire, c'était au général Windischgraetz. Avant même d'avoir pu fonctionner légalement, le gouvernement provisoire n'existait plus.

Rieger allait retrouver dans l'arène parlementaire un autre théâtre pour son activité. Il fut élu par deux collèges à la diète de Bohême, par sept collèges à la diète qui s'ouvrit le 22 juillet à Vienne et qui réunissait les représentants de tous les pays non hongrois. Cette assemblée, la première en son genre, présentait une mosaïque étrange de langues et de nationalités. Rieger ne tarda pas à y jouer un rôle considérable. L'historien Palacky était le chef moral du groupe tchèque. Rieger en était l'orateur. Il revendiqua énergiquement les droits de la race slave, depuis longtemps sacrifiée à la minorité allemande. Un député allemand, Borrosch, avait dit : « Il n'y a pas de religion d'État, mais il y a une langue d'État. — Nous autres Slaves, lui répliqua Rieger, nous constituons la principale force de l'État autrichien. Il ne durera qu'autant que nous le voudrons. »

Le député allemand avait comparé les Slaves qui prétendaient parler leur langue au Parlement à des malappris qui font des visites en robe de chambre : « Vous voulez, répliquait Rieger, nous mettre la camisole de force. La nationalité est un droit sacré, aussi sacré que le droit de liberté personnelle et les autres droits naturels et si cette assemblée décidait que tout Slave, Italien, ou représentant d'une nationalité quelconque doit parler allemand à la diète d'empire, je déclare solennellement que jamais, jamais, je ne reconnaîtrai cette décision, parce que même cette haute assemblée ne peut m'enlever un droit naturel. Je proteste donc contre tout attentat contre ma nationalité. Car je considérerai toujours comme mon devoir le plus sacré de défendre ce droit naturel et de me maintenir sur un pied d'égalité parfaite avec toutes les autres nationalités de l'État. »

La ville de Zara envoya à l'orateur tchèque un diplôme de bourgeoisie honoraire pour le remercier de ce discours qui fit grand bruit dans tout l'empire. Lorsque, dans les premiers jours d'octobre, une émeute éclata à Vienne pour empêcher les troupes impériales de partir contre la Hongrie, la vie de Rieger fut menacée, et il dut quitter la capitale.

Il ne reparut au Parlement que lorsque cette assemblée eut été transférée dans la petite ville morave de Kromerize (Kremsier).

Il s'y fit remarquer par son éloquence. Ses compatriotes se plaisent encore aujourd'hui à rappeler le discours qu'il prononça le 8 janvier 1849, lors d'une discussion, peut-être plus académique que parlementaire, à propos de *droits fondamentaux*. En Autriche, il ne s'agissait pas seulement des droits du citoyen, il fallait réserver ceux des nationalités :

Faire de l'Autriche un État constitutionnel, un État conforme aux exigences de notre temps et aux besoins des nations, c'est le problème le plus difficile qui se soit jamais présenté. Il n'est pas facile de résoudre ce problème, de construire un édifice de symétrique sans faire table rase, sans annuler tous ces héritages nationaux, provinciaux, historiques que nous a légués le passé. C'est la confiance du peuple qui nous a tous appelés ici, pour exprimer ses vœux et ses besoins ; le ministère n'a pas le droit d'isoler le peuple de ses représentants. C'est là une manière d'agir exorbitante, inouïe dans un état constitutionnel.

Et, développant le vieil adage : « Tout pouvoir vient du peuple », il démontrait qu'en Autriche le mot peuple veut dire la nation :

L'histoire de l'Autriche n'est pas si ancienne ; elle remonte tout juste à l'année 1804. A regarder les choses de près, nous n'avons encore eu d'Autriche *une* ; il s'agit de la créer. Pour vous parler de l'histoire d'Autriche, nous devons nous occuper de l'histoire de chacune de ses nations, de chacun de ses pays. Or ce qui frappe nos yeux tout d'abord, ce sont deux groupes de pays ; c'est le groupe de la couronne de

Bohême et le groupe de la couronne de Hongrie. Personne ici n'imagine que le souverain a été jusqu'ici le seul dépositaire de l'autorité en Hongrie et qu'il ne partageait pas ce pouvoir avec la diète. Vous savez tous que les rois de Hongrie recevaient leur couronne des mains de la nation. Vous savez également que les pays de la couronne de Bohême, la Bohême, la Moravie, la Silésie étaient jadis un royaume électif.

Metternich eût été bien étonné d'entendre ce langage, mais il n'était plus là. Faible de corps, plus faible encore d'esprit, l'empereur Ferdinand s'était senti absolument incapable de se tirer d'affaire au milieu de tous les problèmes qui se posaient devant sa conscience timorée. Il avait abdiqué aux mains du souverain actuel, François-Joseph, alors âgé de dix-huit ans. Le jeune empereur crut avoir trouvé une solution en congédiant la diète de Kromerize (7 mars 1849) et en octroyant une constitution applicable à tout l'empire, y compris la Hongrie.

Cette constitution devait rester lettre morte. Quand Rieger rentra à Prague le 14 mars, il fut reçu avec enthousiasme par ses compatriotes. Mais il estimait que, jusqu'à nouvel ordre, il n'avait plus rien à faire dans la vie publique de son pays ou de l'empire. Il partit à l'étranger pour étudier les sciences économiques qui l'intéressaient particulièrement et dont il espérait pouvoir tirer quelque profit à son retour.

A Paris, où il passa les derniers mois de l'année 1849, Ladislas Rieger ne pouvait manquer de rencontrer quelques-unes des épaves des révolutions qui avaient récemment bouleversé l'Europe. Or, à la suite d'une conversation politique qu'il eut chez le prince Adam Czartoryski avec des émigrés hongrois il fut, sur une dénonciation de la police autrichienne, arrêté le jour de Noël; relâché le lendemain, il ne garda pas rancune à la France de ces incidents; il y séjourna jusqu'au printemps de l'année suivante; puis il passa en Angleterre. Il ne revint dans son pays qu'en 1851; il sollicita une place de docent d'économie politique à l'université à Prague; mais le ministère effrayé de sa popularité lui refusa cette modeste situation en justifiant son refus par la crainte du succès que le nouveau professeur ne pourrait manquer d'obtenir auprès de la jeunesse. Il consacra à des travaux littéraires les loisirs que lui laissait la politique. Telle de ses chansons mises en musique par un compositeur de talent — *le Forgeron* par exemple — est encore aujourd'hui populaire par tous les pays tchèques.

En 1853, il épousa la fille de son compagnon de luttes, l'historien Palacky. Palacky était protestant et nul n'a plus fait que lui pour réveiller la tradition hussite en Bohême, mais il était passionné pour la tolérance; il avait épousé une catholique et sa fille était catholique. Elle fut la digne compagne de l'homme éminent auquel elle avait associé sa vie; pendant les différents séjours qu'elle fit avec lui en France, elle étudia avec un soin particulier nos œuvres de philanthropie et de charité et elle en rendit compte dans des articles publiés dans une revue de Prague en 1867 et 1869. Prague lui doit la fondation d'un certain nombre d'asiles et de crèches auxquelles son nom est resté attaché.

Palacky et Rieger étaient tous deux d'excellents chrétiens et je ne sache pas que la différence des confessions auxquelles ils appartenaient ait jamais donné lieu aux moindres susceptibilités. Rattachés désormais par un lien de famille si intime, ils ne cessèrent de collaborer ensemble à toutes les œuvres qui avaient pour objet de relever leur nation ou de la rapprocher de l'idéal politique qu'ils poursuivaient tous deux.

Depuis longtemps ils rêvaient de donner à leur peuple une publication collective, qui lui manquait encore, une Encyclopédie nationale. Il se trouva enfin pour cette œuvre un éditeur énergique, le libraire Kober, qui consentit à l'entreprendre, mais à une condition, c'est que Rieger en aurait la direction et la responsabilité. Il y consentit et mit en exergue sur la première page de l'ouvrage ces deux vers :

> Dans le travail et la science
> Sont le salut et l'espérance.

L'Encyclopédie forme douze volumes qui ont paru par fascicules, de 1864 à 1874. Rieger s'était entouré d'une élite de collaborateurs tels que pouvait seule les offrir Prague, cette ville de sapience, et son répertoire — bien qu'il soit aujourd'hui dépassé par une publication plus récente (1) — reste une source très pré-

(1) La nouvelle *Encyclopédie Otto*, commencée en 1888, compte vingt-neuf volumes. Elle a huit à neuf mille souscripteurs. Ces chiffres suffisent à donner une idée de l'activité et de la curiosité intellectuelle de la nation tchèque.

cieuse pour l'histoire de la race slave, notamment au dix-neuvième siècle.

En 1866, Rieger dut accompagner à Nice sa belle-mère souffrante et qui ne survécut guère au voyage. Il profita des loisirs que lui faisait cette villégiature pour écrire sur *les Slaves d'Autriche* une série d'articles qui parurent d'abord dans *le Nord* et qui furent réimprimés en volume à Paris (1).

Étant donnée la valeur de l'auteur, l'ouvrage — bien que naturellement très vieilli — vaut la peine que nous nous y arrêtions un instant. Aujourd'hui cet opuscule ne nous apprend plus grand'chose. Mais à l'époque où il parut, l'opinion publique était très peu éclairée. On soupçonnait vaguement l'existence des Slaves et les manifestations de leur vie politique étaient considérées comme l'œuvre de je ne sais quel pouvoir occulte, qu'on désignait sous le nom de pans-lavisme et dont le grand ressort était à Pétersbourg ou même à Moscou. L'opinion publique s'obstinait à prêter aux Allemands dans l'empire une part beaucoup plus considérable que celle qui leur appartenait réellement.

Il est convenu, disait M. Rieger dans sa brochure, de considérer tous les pays de l'Autriche comme autant de provinces d'une Allemagne future, et les nations qui les

____

(1) *Les Slaves d'Autriche et les Magyars*, études ethnographiques, politiques et littéraires, Paris, Passard, 1861. — Pour s'assurer l'anonymat et dérouter la police autrichienne l'auteur a signé... *itch*. Ce sont surtout les noms serbes et croates qui se terminent en itch.

habitent, comme des vassales de la race allemande ; on doit donc considérer comme un crime toute tentative de leur part pour arriver à une vie propre et nationale. Cette avidité de dominer éblouit même souvent des libéraux honnêtes et leur fait seconder les tendances réactionnaires du gouvernement autrichien : cela se voit tous les jours à l'égard des Slaves et des Magyars.

A l'étranger, on est habitué à considérer l'Autriche comme un État allemand, mais on a tort ; dans tout l'Empire il n'y a que sept millions d'Allemands, dont cinq millions à peine forment une masse compacte. Toutes les provinces autrichiennes qui font partie de la Confédération germanique ne font pas la moitié de l'État, et les Allemands y sont en minorité...

Vous trouverez rarement un sujet autrichien qui veuille se dire tel, mais vous verrez partout des Hongrois, des Polonais, des Italiens, des Bohêmes et des Croates qui aiment la nationalité autrichienne, comme un condamné aime la camisole de force.

On comprend en lisant ces lignes pourquoi l'auteur tint à s'assurer le bénéfice de l'anonymat. A propos de la Bohême, il dénonce la fâcheuse attitude de la noblesse

qui, appelée à être le dépositaire et la gardienne du droit public du royaume, a oublié sa mission politique et le sentiment de sa nationalité pour hanter la cour. Comme cette nationalité historique n'est ni représentée, ni prônée par la haute noblesse, elle n'a pas l'éclat des autres, mais ce serait étrangement se tromper, que de croire qu'elle a pour cela une importance politique moindre. Elle est au contraire mieux assise que les autres, parce qu'elle trouve son point d'appui dans la masse d'un peuple éminemment instruit.

L'antisémitisme n'était pas encore à la mode vers 1860. Cependant l'homme d'État tchèque crut devoir faire remarquer le rôle que les israélites jouent dans la presse autrichienne.

Les neuf dixièmes des journalistes et des correspondants des journaux d'Allemagne sont juifs et comme, en général, ils ne sont pas favorables aux races non allemandes, leur malveillance se reflète quoique involontairement, dans la presse étrangère, surtout en France et en Angleterre.

La grande tactique des ennemis des Slaves consistait à les accuser de panslavisme, à les accuser de faire les affaires du gouvernement russe.

Il est vrai, répondait Rieger à cette occasion, que les Slaves occidentaux éprouvent de la sympathie pour leurs frères serbes, polonais et russes. En cela ils usent du même droit que les Allemands et les Italiens, lesquels sympathisent avec leurs co-nationaux quoique placés sous des gouvernements différents. Il est faux cependant qu'ils désirent faire partie de l'empire russe. Leur langue littéraire, leur foi et leur civilisation n'est pas la même.

Voilà une déclaration bien nette et qui répond à toutes les divagations auxquelles la presse française ouvrait ses colonnes sur la foi de la presse allemande.

Les conclusions de la brochure se trouvent dans ces lignes qui ne sont pas les dernières de l'ouvrage mais qui en résument l'esprit et la tendance.

Si un jour l'empereur veut changer de système et entrer sincèrement dans la voie des réformes au moyen d'une représentation nationale, il faudra qu'il se décide pour la liberté et l'égalité de toutes les races. Alors l'unité de l'Empire aura une base solide et inébranlable : la bonne harmonie entre toutes les nationalités et non plus l'oppression générale. L'égalité des nations, voilà le drapeau qui doit flotter tôt ou tard sur l'Autriche régénérée ou sur ses ruines.

II

La constitution octroyée par l'empereur le 4 mars 1849 n'avait été prise par personne au sérieux. « Elle n'était, disait d'elle en 1851 Schwarzenberg, que la base sur laquelle on voulut rétablir l'autorité du trône. On n'avait pas alors le temps d'étudier les principes fondamentaux d'une constitution, on la copia sur des modèles étrangers. Un tel acte ne pouvait avoir aucun résultat et n'en a eu aucun. » En effet, elle fut supprimée par lettres patentes de l'empereur le 1er juillet 1852. Pendant huit années entières, les pays autrichiens vécurent sous un régime despotique qui n'avait pas toujours un caractère patriarcal et dont les Slaves — les Tchèques surtout — eurent beaucoup à souffrir.

Dans ce temps-là, il fallait pour créer un journal, une autorisation du gouvernement. Cette autorisation fut toujours refusée à Rieger.

Lorsque les défaites de l'Autriche en Italie obligèrent le souverain à modifier sa politique intérieure, il comprit qu'il fallait l'orienter vers le régime constitutionnel. Il créa d'abord un conseil de l'Empire renforcé (6 mars 1860), c'est-à-dire qu'il ajouta à l'ancien conseil trente-huit membres pris parmi les notables et représentant les différents pays. Par un hasard évidemment prémédité, il se trouva qu'aucun représentant de la nationalité tchèque ne figurait parmi ces trente-huit délégués. Rieger se résolut à une démarche hardie. Il rédigea un memorandum où il réclamait la réalisation de la *Gleichberichtigung*, autrement dit l'égalisation des droits des deux nations en Bohême et la liberté de la presse; il fit en grand secret signer ce memorandum par douze des représentants les plus notables de la nation (parmi eux figuraient l'historien Palacky, le physiologiste Purkyně, le philologue Hanka, le prince Rodolphe de Taxis), puis, en compagnie d'un de ses parents, il se rendit à Vienne et obtint une audience de l'empereur auquel il remit le memorandum. L'empereur lui fit bon accueil; le nouveau président du Conseil, le comte Goluchowski donna de bonnes paroles et proposa, dit-on, d'appeler Rieger au conseil de l'Empire. Quelques jours après, le journal tchèque, *le Messager de Prague*, osait imprimer le document soumis à l'empereur. Il fut immédiatement saisi par la police.

Rieger pouvait se consoler de ses échecs en songeant à sa popularité qui s'accroissait chaque jour. Plus de seize cents villes ou bourgades de Bohême lui décernèrent le titre de bourgôis honoraire. Il fut élu tour à tour député à la diète de Bohême et au Conseil de l'Empire ou Reichsrath, parlement bâtard où les Slaves, toujours sacrifiés, n'étaient représentés ni en raison de leur nombre, ni en raison de leur valeur morale ou économique. Dans les deux assemblées Rieger se retrouvait dans son élément naturel ; il était né pour l'action et pour la parole ; il n'était point de ces rêveurs révolutionnaires qui attendent d'un coup de force ou d'une intervention surnaturelle la réalisation de leur idéal. A la diète de Prague, il se rapprocha de la noblesse historique qui tenait aux antiques traditions du royaume ; il fit partie, avec le comte Clam Martinitz, de la députation envoyée à Vienne pour demander au souverain le céder aux vœux de ses sujets en se faisant couronne. roi de Bohême ; il rapporta de la capitale une promesse formelle qui a été réitérée depuis dans des circonstances plus solennelles, mais qui n'a pas été réalisée. (1)

Dans le nouveau régime, soi-disant libéral, tout avait été combiné de façon à mettre l'élément slave en minorité. Aussi, en Bohême, la ville allemande de Reichenberg avait un député pour 10.000 habitants, alors que Prague, avec 150.000 habitants, n'en avait que trois.

Certaines villes allemandes constituaient de véritables bourgs privés. Ainsi le village allemand de Parchen, avec 500 habitants, avait un député ; la ville slave de Kladno, avec 8.000 habitants, n'en avait pas un seul.

(1) Il importe ici de bien préciser. Je trouve cette assertion dans la biographie de Rieger publiée en 1868 dans l'*Encyclopédie tchèque*, dont il était alors le directeur, t. VII, p. 417. Elle est répétée dans la notice de l'*Encyclopédie Otto*, t. XXI, p. 767.

Rieger s'aperçut bientôt au Reichsrath qu'il n'avait à compter ni sur l'impartialité de la Chambre, ni sur celle du président. Dans la séance du 19 juin 1861, il réclama pour l'enseignement en langue tchèque cette égalité de droits que les Allemands ne cessent de lu contester et il lui arriva de laisser échapper des paroles amères :

« Nous savons tous que ni les hommes ni les peuples ne peuvent être aussi justes pour les autres que pour eux-mêmes. Nous, Tchèques, nous en avons fait la triste expérience et nous la faisons, hélas ! tous les jours.

Sur ces paroles, le président rappelle Rieger à l'ordre et l'invite à se rasseoir.

RIEGER. — Je ne parlerai plus des questions de nationalité, car je vois que la parole n'est pas libre ici.

LE PRÉSIDENT. — Je vous rappelle à l'ordre.

RIEGER. — Et moi, je vous rappelle à la justice. »

Les députés tchèques ne tardèrent pas à constater qu'ils n'avaient rien à faire dans une assemblée intolérante où leur nationalité était insuffisamment représentée, et ils rentrèrent dans leurs foyers.

III

Rieger était né pour servir sa patrie, et il n'était pas dans son tempérament de rester longtemps inactif. Il ne songeait pas seulement à assurer aux Tchèques la situation à laquelle ils ont droit dans l'ensemble des États autrichiens; il voulait leur donner tous les organes nécessaires à la vie intellectuelle d'un peuple civilisé. Il se préoccupait, depuis de longues années, de créer à Prague un théâtre national digne d'une capitale et qui mettrait la littérature tchèque en état de rivaliser avec l'art dramatique allemand (1). Dès 1850, un comité s'était constitué sous la présidence de l'historien Palacky. Rieger lui succéda plus tard dans la présidence. Malgré la mauvaise volonté du gouvernement, il réussit à recueillir des souscriptions et à construire un théâtre provisoire dont il fut le premier intendant (administrateur). Ce théâtre s'ouvrit le 11 novembre 1862. Six ans après, on put procéder à la pose de la première pierre du théâtre définitif, qui fut inauguré en 1887 et qui est assurément l'un des plus beaux de l'Europe. Le buste de Rieger, érigé dans le vestibule de l'édifice, rappelle les services qu'il a rendus à cette œuvre essentiellement nationale.

Jusque vers 1863, Rieger et Palacky avaient été les chefs incontestés des patriotes qui voulaient assurer au royaume de Bohême la reconnaissance de ses droits historiques. L'insurrection polonaise, qui éclata à cette époque, eut pour conséquence de diviser les Tchèques en deux partis : les jeunes approuvaient le mouvement révolutionnaire, et les attaques qu'ils dirigeaient en apparence contre Pétersbourg visaient

(1) Consulter sur le théâtre tchèque et la musique à Prague le chapitre XI de ma monographie de *Prague* dans la collection des villes d'art (librairie Laurens).

en réalité Vienne ; pour un peu, si la législation sur la presse l'avait permis, ils auraient donné l'insurrection polonaise comme un exemple à suivre pour leurs compatriotes (1). Les vieux, à leur tête Rieger et Palacky, estimaient que l'insurrection ferait plus de mal que de bien à la Pologne, et l'avenir devait leur donner raison ; ils n'attendaient que des voies légales la réalisation de leurs espérances. D'autre part, ils pensaient qu'il était important de gagner à la cause tchèque les représentants de la noblesse historique, tandis que les jeunes croyaient que l'élément démocratique pouvait se suffire à lui-même. Il convenait d'indiquer ici ces nuances d'opinion, mais il n'y a pas lieu d'y attacher trop d'importance. En dépit des divergences qui le séparaient de ses compatriotes, Rieger n'en est pas moins resté, surtout depuis la mort de Palacky arrivée en 1876, le chef politique de sa nation.

C'est au mois de septembre 1866, peu de temps après l'évacuation du royaume de Bohême par les Prussiens, que j'eus l'occasion de lui être présenté. J'étais bien jeune encore ; mais la langue tchèque m'était familière et j'avais déjà publié un volume sur la Bohême et une brochure sur l'État autrichien ; il me prit en affection et nous sommes restés en relations jusqu'à sa mort. Il m'a reçu bien souvent dans sa maison de Prague ou dans son château de Malecz, et lorsqu'il vint à Paris pour la dernière fois, en 1900,

----

(1) Le type exagéré du jeune tchèque était l'émigré Joseph Fricz. (Voy. sur ce personnage mes *Souvenirs d'un Slavophile*, pp. 33-35.)

visiter notre Exposition universelle, il me fit l'honneur d'être mon hôte et me fit admirer l'éternelle verdeur de son infatigable intelligence. Il avait très bien compris quel immense péril le triomphe de la Prusse faisait courir aux Slaves d'Autriche. Depuis la conclusion du traité de Prague, pacte signé précisément chez le peuple qui avait supporté tout le fardeau de la guerre, il n'eut plus qu'une idée, celle de chercher des alliés au dehors, d'abord à Paris, puis à Pétersbourg.

L'Autriche, expulsée de l'Allemagne par sa rivale, se trouvait à un grave tournant de l'histoire. Le moment semblait venu où elle allait songer à se régénérer par l'application loyale de l'égalité des droits accordée à toutes les nations, par l'évolution fédéraliste. Il n'en fut rien. L'empereur estima qu'aucun de ses sujets n'était capable de liquider la situation, et il fit appel à un homme d'État saxon, M. de Beust. Imaginez-vous la France, au lendemain de nos désastres, empruntant, pour se refaire, un de ses hommes d'État à la Belgique ou à la Suisse. On sait ce que fit M. de Beust. Au lieu d'organiser l'empire sur la base du fédéralisme, il créa le dualisme, qui faisait la part du lion à deux nations privilégiées, les Allemands et les Magyars, et réduisait les autres à la situation de simples tributaires. Les Slaves de Bohême devaient nécessairement protester contre une combinaison par laquelle on avait disposé d'eux et sans eux, qui lésait leurs droits en tant que nation, en tant qu'héritiers d'une tradition historique. Dans un discours prononcé à la diète de Prague, le 13 avril 1867, Rieger se fit l'interprète de leurs protestations. Il voulut que ce discours fût connu dans notre pays ; il le fit traduire en français dans une brocure intitulée : *le Royaume de Bohême et l'État autrichien* (1), et il adressa des exemplaires de cette traduction à un certain nombre d'hommes politiques et de publicistes français. On était alors chez nous fort ignorant des choses de l'étranger. Deux publicistes seulement s'intéressaient sérieusement aux Slaves autrichiens, sans d'ailleurs toujours bien comprendre leurs intérêts. L'un était Saint-René Taillandier, que ses voyages avaient amené jusqu'à Prague, où il s'était rencontré avec Palacky ; l'autre était Henri Martin, dont le patriotisme ombrageux redoutait l'extension de l'Allemagne et que son tempérament chevaleresque mettait toujours au service des opprimés.

Dans l'introduction de sa brochure, M. Rieger après avoir rappelé les chiffres des diverses nationalités démontrait que le dualisme inventé par M. de Beust donnait d'un côté à 6.839.140 Allemands la domination sur 11.617.930 Slaves, Italiens et Roumains, et de l'autre à 5.492.130 Magyars sur 8.369.620 Slaves et Roumains. Les chiffres ont changé depuis quarante ans, mais les proportions sont restées les mêmes. Le discours de Rieger est un manifeste éloquent contre le dualisme, une revendication énergique des droits des nationalités et des conditions historiques de la Bohême. « L'empire d'Allemagne, disait Rieger, existe de fait

(1) Prague, imprimerie Gregr, 1867.

depuis la bataille de Sadova. La couronne impériale brillera sur le front d'un Hohenzollern, c'est l'affaire de quelques semaines, ou peut-être de quelques mois. Nul homme raisonnable ne peut en douter. » Nous savons, hélas ! comment et aux dépens de qui cette prédiction s'est réalisée. Puisse ne pas se réaliser cet autre horoscope :

« Je ne puis pas me défendre du pressentiment, je pourrais dire de la conviction, que le dualisme amènera la ruine de l'empire. »

Dociles aux instructions de leurs chefs politiques, les députés tchèques se refusèrent à envoyer des représentants au Reichsrath convoqué à Vienne pour ratifier les projets de M. de Beust. Ils avaient espéré que les Polonais de Galicie suivraient leur exemple et les aideraient par leur abstention à faire échec au ministre Saxon. Mais les Galiciens concentraient contre la Russie toute l'ardeur de leur patriotisme ; ils espéraient trouver dans l'Autriche catholique une alliée pour les revendications de l'avenir. Ils refusèrent de s'associer à la politique négative de la Bohême et un refroidissement se produisit entre Prague et Cracovie. Rieger avait déjà essayé d'attirer l'attention de la France sur son pays. Une circonstance se produisit qui lui fournissait l'occasion d'agir directement sur l'opinion publique en Russie. Il ne crut point devoir la laisser échapper.

Au moment même où ces graves questions s'agitaient en Autriche, les Slaves de l'empire et des pays voisins, Serbie, Monténégro, Bulgarie, recevaient de la Société des sciences naturelles de Moscou des invitations pour les fêtes qui devaient avoir lieu dans cette ville à l'occasion d'une exposition d'anthropologie et d'un congrès ethnographique. L'invitation était très tentante ; Moscou est une des villes les plus curieuses du monde et dans les circonstances critiques que traversaient les Slaves autrichiens, il n'était pas indifférent pour eux de tâter le pouls à l'opinion publique en Russie. Contre la grande Allemagne qui menaçait et qui menace encore aujourd'hui de les absorber et contre les ambitions des Magyars ils ne voyaient pa d'autre alliée possible que la France et l'empire Russe. L'invitation de la Société moscovite fut donc accueillie avec empressement, non seulement en Bohême, mais en Moravie, dans les pays slovaques, slovènes, croates. Les Polonais s'abstinrent naturellement.

Avant de se rendre à Moscou, Rieger et Palacky vinrent d'abord à Paris où venait de s'ouvrir l'Exposition universelle. Ils ne rejoignirent les autres voyageurs slaves qu'à Vilna. A Paris, ils rencontrèrent leur illustre compatriote slave l'évêque Strossmayer (1) qui menait chez les Slaves méridionaux une politique parallèle à la leur et ils eurent de nombreuses conférences avec le prince Ladislas Czartoryski et le général André Zamoyski que l'on considérait alors comme les chefs de l'émigration polonaise, et qui passaient pour exercer une influence sur l'aristocratie galicienne. Czartoryski et Zamoyski essayèrent de détourner les deux

____

(1) Sur l'évêque Strossmayer, voir mes *Souvenirs d'un Slavophile* (Paris, 1905), et *le Monde slave* (2e édition, Paris, 1802).

voyageurs du pèlerinage de Moscou : Rieger et Palacky demandaient en revanche que la Galicie s'associât à leur politique de résistance vis-à-vis de M. de Beust. On ne réussit pas à s'entendre; mais en quittant ses hôtes polonais, M. Rieger leur promit de plaider la cause de la Pologne auprès des Russes.

Il regagna le 19 mai, à Vilna, la caravane slave qui était entrée dans l'empire par Granica, Czenstochowa et Varsovie. Il avait ainsi évité une réception assez embarrassante à la frontière et dans la capitale du royaume de Pologne. La première fois qu'il prit la parole ce fut à un banquet offert par le gouverneur de Vilna. « C'est la première fois, disait-il, que nous sommes en terre slave, dans un pays où le Slave est le maître chez lui. Nous espérons tous qu'un meilleur avenir se prépare aussi pour les autres Slaves, qu'ils seront les maîtres chez eux. Pour atteindre le but, il est nécessaire que nous nous élevions par l'esprit d'humanité et de concialition afin d'arriver tous au bonheur. Que Dieu nous aide ! » Si les Polonais ne furent pas tous satisfaits, j'imagine que plus d'un Russe fronça le sourcil en entendant parler d'humanité et de conciliation. A Pétersbourg, Palacky et Rieger firent visite à l'ambassadeur autrichien, le comte Revertera qui les présenta à l'empereur Alexandre. Dans un discours prononcé, le 22 mai, Rieger rappela les services que les Slaves avaient rendus à la cause de la civilisation en couvrant l'Europe contre les invasions barbares.

Ces luttes les avaient affaiblis et retardés dans les voies du progrès. C'était à la Russie, le seul État slave indépendant, de leur fournir les moyens moraux de se relever et d'égaler les autres nations.

A Moscou, Rieger prit deux fois la parole. Le 31 mai, à l'Université, en présence des représentants les plus illustres de la science, il exprima le vœu de voir les peuples slaves créer une science nationale slave en se réunissant fréquemment dans des congrès scientifiques qui leur permettraient de réaliser l'unité intellectuelle de la race.

Le 2 juin, au cours du banquet d'adieu qui eut lieu dans la plaine de Sokolniki, et qui comptait environ six cents convives, il eut l'occasion de tenir — autant que le permettaient les circonstances — la promesse qu'il avait faite à Paris aux représentants de l'émigration polonaise.

L'historien publiciste Pogodine venait de prononcer un discours où il souhaitait que tous les Slaves entrassent en pleine possession de leurs droits et fussent soustraits à l'oppression qui, jusqu'alors, avait pesé sur eux. « Je souhaite également le bonheur, disait-il, du Tchèque et du Serbe, du Croate et du Dalmate, du Russe de Galicie et du Lusacien, du Slovaque et du Polonais. Messieurs, je viens de mentionner le nom des Polonais. Mais où sont-ils ? Je ne les vois point dans notre assemblée. Ils se tiennent à part, l'œil irrité, et ils ne prennent point de part à notre œuvre commune. Nous déplorons cette discordance dans le monde slave ; nous pleurons sur elle. Il est triste de penser qu'il manque parmi nous un membre de la famille slave, que nous ne pouvons échanger avec lui des embrassements fraternels. Mais nous espérons que le temps viendra où les Polonais rendront justice à notre bon et noble souverain (*Hourras ! Bravos*) et rentreront dans le sein de la Slavie. »

Pogodine avait lourdement manqué de tact, et ceux qui l'avaient applaudi, peut-être sous l'influence des vins généreux, en avaient manqué également.

Quand vint le tour de parole de Rieger, il se plaça au-dessous de l'étendard sur lequel brillait l'image des deux apôtres slaves, Cyrille et Méthode, et il débuta ainsi :

« Frères slaves, je tiens ici l'étendard des saints apô-tres slaves Cyrille et Méthode, qui, conduits par un amour fraternel, sont venus annoncer à nos pères l'Évangile de la grâce et de l'amour. Ils n'avaient pas d'autre objet en vue ; c'est pourquoi ils ont atteint leur but, car Dieu a béni leur œuvre... Mon ami Aksakov a dit que la Russie était appelée de Dieu pour réaliser la fraternité slave dans l'esprit de liberté. Nous appré-cions tous la haute valeur de cette parole ; nous nous réjouissons tous ici d'une joie pure et noble ; mais, hélas ! toute joie humaine renferme au moins une goutte d'amertume. Dieu m'est témoin qu'il m'est pé-nible aujourd'hui de troubler la joie universelle en rappelant un souvenir qui sera peut-être pénible à beaucoup d'entre vous... Mon ami Pogodine a pro-noncé une belle parole en souhaitant le bonheur et la félicité des Russes et des Polonais. Je constate avec douleur que, dans ce cercle fraternel des Slaves, seuls les Polonais ont voulu rester à part et ne sont point venus parmi nous. Mais j'estime que ce fait ne peut pas être sans cause. »

Il faisait appel à l'esprit de la fraternité slave. « Cet esprit, disait-il, ne serait qu'un vain mot, si l'égoïsme d'un peuple voulait l'élever au-dessus des autres et les absorber. Le véritable amour fraternel parmi nous, le généreux panslavisme n'est possible que si tout Slave reconnaît son congénère comme son égal par la naissance et par les droits. »

Le discours est long ; je ne puis le traduire en entier ; il produisit une impression profonde sur l'assemblée ; mais un certain nombre de Russes témoignèrent leur mécontentement. L'un d'entre eux, un prince Tcherkasky, ancien fonctionnaire de l'administration russe en Pologne, répondit par un discours brutal et maladroit. Évidemment, il avait fallu à Rieger beaucoup de courage pour risquer une démarche aussi audacieuse. Lorsque le texte de son discours me parvint à Paris (dans les premiers jours de juin 1867), je m'empressai de le communiquer à mon voisin, le général Zamoyski, chez lequel je m'étais, peu de temps auparavant, rencontré avec nos amis de Prague. Le général était au lit, souffrant d'un terrible accès de goutte ; il ne lisait pas le tchèque, et je lui traduisis le texte du discours aussi littéralement que possible. Le malade écouta avec la plus grande attention, et, quand j'eus terminé ma lecture :

« Évidemment, me dit-il, je ne puis m'associer à toutes les paroles de M. Rieger ; mais nous ne pouvons que lui être reconnaissant de ce qu'il a tenté de faire pour nous. »

J'ai essayé, dans quelques-uns de mes travaux antérieurs, de mettre sous son véritable jour un épisode qui fut alors mal compris en Europe et qui fut terriblement défiguré par la presse allemande de Vienne et de Berlin (1).

Ce n'était pas d'ailleurs seulement en Russie que Rieger cherchait des sympathies pour son pays. Napoléon III était en ce temps-là considéré comme l'arbitre de l'Europe ; on s'imaginait à Prague que s'il était informé des véritables aspirations des Tchèques il pourrait exercer à Vienne son influence en leur faveur. L'Allemagne commençait à devenir menaçante et une Autriche fédéraliste était le contrepoids nécessaire de l'expansion germanique. Rieger désirait entrer en rapports directs avec Napoléon III. Mais comment ? Un ensemble de circonstances imprévues me permit de lui ouvrir l'accès des Tuileries.

Une vocation impérieuse pour l'enseignement m'avait mis en rapport avec Victor Duruy, qui était en ce temps-là ministre de l'Instruction publique et qui jouissait de la confiance de l'empereur. J'avais appelé son attention sur l'importance du problème slave, qu'il ne soupçonnait guère. Je collaborais d'autre part à un recueil absolument étranger à la politique, *la Revue de l'instruction publique*. Le directeur de ce recueil était un homme d'un esprit très fin, un humaniste délicat, feu Edouard Goumy (2), profes-

(1) Voy. dans le *Monde slave* (2ᵉ édition, 1897), pp. 61-66, et *les Souvenirs d'un Slavophile*, pp. 55-58.

(2) On lui doit notamment une *Étude sur l'abbé de Saint-*

sour de rhétorique au collège Rollin. Un jour, il m'annonça l'intention d'aller, pendant les vacances faire un voyage en Allemagne. Il voulait pousser jusqu'à Prague, une ville que, dans ce temps-là, les Français visitaient bien rarement. Je lui donnai une lettre de recommandation pour Rieger qui parlait admirablement le français. Il eut la bonne fortune de le rencontrer et même de dîner tous les jours avec lui à l'hôtel du Cheval-Noir où Rieger prenait pension, tandis que sa famille était au château de Malecz.

L'homme d'État slave n'eut pas de peine à faire comprendre au professeur français la situation politique de son peuple et l'intérêt qu'elle offrait pour notre pays. Goumy revint enthousiasmé de Rieger, de Prague et de la Bohême : « Quel malheur, me disait-il, qu'on soit si peu éclairé chez nous sur des questions aussi graves. »

Je savais qu'il était en fort bons termes avec Duruy : « Vous devriez, lui dis-je, raconter au ministre ce que vous avez vu et entendu et obtenir de lui qu'il en parle à l'empereur. » Napoléon III, sur les instances de M. Duruy, consentit à recevoir Rieger en audience secrète. L'ambassadeur d'Autriche eût évidemment été de trop dans la conversation.

Prévenu par Goumy, Rieger se hâta d'arriver à Paris, fut invité à dîner par Duruy et le lendemain — c'était, si mes souvenirs sont exacts, au printemps de l'année 1869 — il était reçu par Napoléon III. L'empereur

Pierre, la France du centenaire, qui fut publiée en 1889, *les Latins*, etc.

l'écouta avec ce flegme bienveillant dont il ne se départait guère et l'autorisa à lui remettre un memorandum manuscrit qu'il promettait de communiquer à son ministre des Affaires étrangères et à son ambassade de Vienne.

Je n'ai point sous les yeux le texte français de ce document, tel qu'il fut remis à Napoléon III. Je n'ai que le texte original en langue tchèque. C'est un travail d'une vingtaine de pages qui avait pour objet d'expliquer à l'empereur la véritable situation de la Bohême vis-à-vis de l'État autrichien et l'intérêt de la question tchèque au point de vue français.

Le mécontentement de la Bohême, disait en substance M. Rieger, pouvait être exploité par la Prusse et la Russie qui lui proposeraient de la détacher de l'Autriche et de lui assurer l'autonomie. Mais les Tchèques n'ont aucune confiance dans les Prussiens; ils les considèrent comme leurs ennemis les plus dangereux, par cela même qu'ils sont leurs voisins et parce que depuis la victoire de Sadova ils sont devenus les dominateurs et les chefs de cette nation allemande contre laquelle la Bohême a toujours dû lutter. Les Tchèques voient les Prussiens avec beaucoup de défiance. Ils leur appliquent le *timeo Danaos*; ils ont gardé vis-à-vis d'eux une attitude très réservée lors de l'occupation de 1866, tandis que les Magyars les considéraient presque comme leurs alliés et que les Viennois, partisans de la grande Allemagne, saluaient leur arrivée avec enthousiasme.

Le memorandum explique ensuite comment l'Autriche peut être amenée à sa ruine par les Allemands qui rêvent une grande Allemagne et par les Magyars qui ne veulent pas de l'unité autrichienne. L'État autrichien ne courrait pas ce danger si les Slaves y jouaient un rôle en rapport avec leur nombre et leurs droits historiques.

L'auteur du memorandum rappelle que la puissance de l'Allemagne s'est constituée au détriment et sur les ruines de la race slave. Au temps jadis, tous les pays à l'est de l'Elbe étaient slaves. Les Prussiens, qui sont aujourd'hui à la tête de l'Allemagne, ne sont que des Slaves germanisés. En plein dix-neuvième siècle, la germanisation fait encore des progrès gigantesques parmi les populations slaves de la Silésie et de la Pologne (1). Maintenant la Bohême slave ne constitue plus qu'une presqu'île ethnographique qui sépare les Allemands du nord des Allemands du midi :

La nation tchèque ne connaît pas de plus grand péril que l'union de ces deux parties de l'Allemagne. Une fois réunies, elles croiraient plus que jamais nécessaire d'annexer la Bohême pour assurer leur contact et pour s'arrondir. Tant que la Bohême est indépendante, elle isole le Nord du Midi sur un espace considérable. La frontière de Bohême, à l'ouest, n'est pas si éloignée de la frontière française que Saarbrück l'est de Paris. Une armée française pourrait arriver plus vite en Bohême qu'une armée prussienne de Berlin à Francfort.

(1) Ce mouvement progressif paraît s'être arrêté. Les Polonais de Silésie reprennent de plus en plus conscience de leur nationalité. On sait avec quel héroïsme les enfants mêmes luttent en Poznanie pour la défense de leur langue.

L'Allemagne prussienne, en possession des états de la couronne de Bohême (y compris la Moravie et la Silésie), dominerait toute l'Europe centrale de la Baltique à l'Adriatique.

« L'Allemagne reprendrait son vieil esprit de conquête et toutes les anciennes prétentions de l'*Imperium romanum nationis germanicæ* ; elle réduirait tous ses voisins à l'état de vassaux et son nouvel empereur reprendrait le titre *d'agrandisseur perpétuel de l'Empire* » (immer mehrer der Reichs). « Nos intérêts, concluait Rieger, nous obligent à empêcher la formation de cet État et j'imagine qu'ils sont identiques à ceux de la France et que la Bohême — sans vouloir exagérer son importance — est une clef de position qui semble fort désirable à la Prusse et que la France ne lui abandonnera pas si volontiers. »

Le memorandum insistait ensuite sur le droit d'état de la Bohême et revendiquait pour elle une situation analogue à celle de la Hongrie. « En lui refusant cette situation, le gouvernement autrichien ne travaillait pas pour l'empereur d'Autriche ni pour les peuples autrichiens, mais pour le roi de Prusse. »

Les Tchèques germanisés profiteraient certainement à l'Allemagne prussienne, mais la Bohême slave ne profitera jamais à la Russie ; elle tient trop à son existence historique, à son indépendance nationale.

Il y a lieu de redouter le pangermanisme politique, mais non pas le panslavisme politique ; même si ce dernier se constituait, il ne menacerait pas la France.

Le programme des fédéralistes tchèques exclut toute immixtion de la Prusse et de la Russie dans les affaires autrichiennes ; il garantit l'existence de l'empire autrichien comme État intermédiaire entre la Prusse et la Russie : il est indispensable au maintien de l'équilibre européen. Ce programme est au plus haut degré politique et raisonnable, il répond aux exigences de la justice, de l'humanité et du progrès. Il est nettement autrichien et il est en harmonie avec les intérêts français. La France doit donc souhaiter que la maison d'Autriche accepte ce programme. Elle a tout à gagner à ce que les Slaves autrichiens acquièrent une influence plus considérable dans les choses du gouvernement, à ce que le parti national allemand ne devienne pas le parti dominant dans les pays de la couronne de Bohême.

Telles étaient les dernières lignes du memorandum qui, à ma connaissance, est resté inédit.

Après avoir pris lecture du memorandum, Napoléon III le communiqua à son ministre des Affaires étrangères, qui le transmit à son tour à l'ambassade de Vienne. L'audience avait été secrète : le document ne l'était pas moins. Néanmoins, en 1870, pendant la guerre franco-allemande, l'ambassade eut le malheur — la maladresse si l'on veut — d'en laisser prendre une copie. Une feuille de Vienne, toute dévouée aux intérêts pangermanistes, fit paraître un article sensationnel où l'on donnait à entendre qu'un patriote tchèque avait tout simplement commis le crime de haute trahison en entrant en rapport avec un souverain étranger. Quelques jours plus tard, après avoir allumé la curiosité du public, le journal en question publia le texte intégral du memorandum.

L'empereur François-Joseph eut le bon sens de ne pas garder rancune à Rieger de cet épisode. Il comprenait au fond les motifs qui l'avaient fait agir. Il sentait que son patriotisme tchèque était doublé d'un patriotisme autrichien. En 1896, il a tenu à honorer la longue carrière de l'homme politique en lui conférant le titre de baron.

Peut-être songera-t-on quelque jour à publier la correspondance de Rieger. Elle méritera une étude détaillée. En attendant, je crois intéressant d'en donner ici quelques extraits. Rieger m'écrivait toujours en langue tchèque. Son écriture fébrile décelait l'agitation d'une âme ardente et passionnée.

En 1868, les députés tchèques, constitués en minorité par un régime électoral inique, avaient quitté en masse la diète de Prague. Ils avaient, à cette occasion, publié une *déclaration* qui réservait tous les droits du royaume, et qui protestait contre l'absorption de la Bohême dans l'état cisleithan imaginé par M. de Beust (1).

A la suite de cet incident, la guerre était déclarée entre Prague et Vienne. La capitale était en état de siège. La persécution sévissait contre les Tchèques comme au lendemain de la défaite de la Montagne-Blanche. Rieger n'osait m'écrire sous mon nom qui

(1) J'ai publié naguère ce document précédé d'une introduction due à la plume de Rieger, mais non signée, dans la *Revue moderne*, alors dirigée par M. de Kératry, en 1868. On voit quelle importance l'homme d'État tchèque attachait à l'opinion publique de notre pays.

était trop connu à la poste de Prague. Un de mes livres avait été récemment interdit dans l'empire. Il m'adressait ses lettres sous le couvert d'un négociant établi à Paris. Dans les derniers jours de l'année 1868, il écrivait :

« Je ne puis rien vous mander de consolant. On disait que, pour le 19 novembre, jour anniversaire de l'impératrice, l'état de siège serait levé. Il n'en a rien été. Nos journaux en ce moment sont obligés d'être très concis.

« La *Couronne*, qui paraît à Chrudim (1), prend un peu plus de liberté que les journaux de Prague ; mais elle a déjà été trois fois confisquée, et elle a un certain nombre de procès. Voilà comment les choses vont dans cette Cisleithanie, dont les journaux français exaltent le libéralisme ! »

C'était le temps où nos députés de l'opposition réclamaient de Napoléon III la liberté comme en Autriche.

Rieger continue :

« Les journaux de Prague, à eux seuls, ont eu environ deux cents procès dans le dernier trimestre. Parmi les accusés, deux seulement ont été acquittés en première instance. Mais le ministère public a fait appel, et ils ont été condamnés tous deux à six mois de prison. Un certain nombre de journaux ont actuellement leurs rédacteurs en chef sous les verrous et,

(1) Ville de province en Bohême. Vu l'état de siège, certains journaux ne pouvaient paraître à Prague.

sauf la *Gazette officielle*, tous les journaux ont été condamnés. Ce qu'il y a de curieux, c'est que presque tous les journalistes ont été condamnés à la peine du jeûne. Ainsi on fait la guerre à la liberté de la presse par tous les moyens, par l'état de siège, par la prison, par la famine. »

Dans une lettre datée du 29 novembre, il ajoutait : « Comment s'étonner de ces rigueurs quand on sait que l'empereur lui-même, durant son séjour ici, a dit aux juges d'être sévères et de ne pas se laisser intimider par l'opinion publique ? Récemment, toute une bande de paysans du village d'Hostivice a été condamnée parce qu'ils ont apporté à Prague une pierre pour la construction du théâtre national. Cet acte a été considéré comme une démonstration digne de châtiment. Il y a quatre jours, un des membres du comité du Casino de Smichov (1) a été appelé chez le commissaire et a dû lui faire savoir s'il était vrai que Palacky avait assisté à la séance d'ouverture du Casino, quand il était venu, et qui était avec lui ? N'est-ce pas une infamie d'incriminer des gens parce qu'ils ont invité à leur cercle Palacky, un homme d'une renommée européenne que l'empereur lui-même a fait membre de la Chambre des seigneurs et baron ! On a inventé un nouveau moyen de persécuter les journaux. On a retiré à la *Couronne* (journal tchèque indépendant) le droit d'acheter des timbres spéciaux pour les journaux. Par suite de cette interdiction, la *Couronne* est obligée

_____

(1) Ville de la banlieue de Prague.

d'envoyer ses numéros comme papiers d'affaires ou sous enveloppe, ce qui quadruple les frais d'expédition. »

Voici encore une lettre datée de novembre 1868 :

Nos affaires vont péniblement. Le gouvernement a employé contre nous les moyens les plus extrêmes. Il a tout épuisé et, maintenant, il ne sait que faire. Il ne suffit pas de crier : De la rigueur, de la rigueur ! De l'énergie ! On ne peut pas pourtant aller jusqu'à arrêter les gens au hasard et à les jeter en prison sans motif. La rigueur ne se fait sentir, en somme, qu'aux journalistes et aux gens qui dépendent du gouvernement, et ce ne sont pas eux qui constituent la majorité de la nation. Cette majorité ne peut qu'être surexcitée par les procédés injustes des organes du gouvernement. Le gouvernement commence à comprendre qu'en proclamant l'état de siège, il s'est mis dans une fausse situation, et il ne sait comment en sortir. Il n'a pas plus de raison de lever l'état de siège qu'il n'en avait de l'établir... Les Polonais se sont effroyablement compromis, à nos yeux, en approuvant, à Vienne, la proclamation de l'état de siège à Prague. Votre empereur a besoin de l'alliance de l'Autriche contre la Prusse ; il a besoin qu'elle ait la paix chez elle : c'est pour cela qu'il a donné à l'hôtel Lambert (1) la consigne de faire abandonner aux Polonais toute opposition...

L'influence de la France sur M. de Beust pourrait maintenant amener assez rapidement l'Autriche à prendre une formation fédéraliste qui la renforcerait tout ensemble contre les Prussiens et les Russes, en satisfaisant les nationalités qui la composent.

Dans une lettre du 29 novembre 1868, M. Rieger fait encore allusion aux persécutions dont la presse tchèque était l'objet et il se demande douloureusement

(1) L'hôtel Lambert, où habitait le prince Czartoryski, était le principal foyer d'action polonaise à l'étranger.

comment tout cela finira. On attachait à l'étranger une importante extrême à l'opinion publique de notre pays. Mais cette opinion était difficile à atteindre. Je m'efforçais de faire pénétrer dans les journaux les indications que m'adressaient mes amis de Prague et j'y réussissais bien rarement. L'un des publicistes qui comprit le mieux l'intérêt que la France devait prendre aux affaires de Bohême, ce fut Henri Martin. Il mena dans le *Siècle* une campagne vigoureuse contre la politique allemande de l'Autriche. Saint-René Taillandier, qui avait été en rapports personnels avec Palacky et Rieger, écrivit, dans la *Revue des Deux Mondes* le 1er août 1869, un article qui a encore aujourd'hui un intérêt d'actualité : *la Question tchèque et l'intérêt français.*

Mais ces voix éloquentes restaient isolées. Parmi les organes de l'opinion publique, un certain nombre étaient indifférents; d'autres répétaient par tradition de vagues clichés sur le panslavisme. Tous n'étaient pas absolument désintéressés. Le fond des reptiles fonctionnait déjà.

IV

Lorsque la guerre franco-allemande éclata, toutes les sympathies des Tchèques étaient naturellement du côté de la France (1). La fraction tchèque de la diète de

______

(1) Voy. *Souvenirs d'un Slavophile* et *Prague* (Paris, Laurens, 1907).

Bohême protesta contre le bombardement de Paris et contre le démembrement de la France : « La nation allemande, disait un manifeste daté du mois de décembre 1870, a le droit indubitable de repousser par les armes des attaques dirigées contre son gouvernement : mais si elle voulait arracher par la violence à la France un territoire dont la population se sent française et veut rester française, elle ne ferait que violer le droit à la liberté politique de cette nation et mettrait, en agissant ainsi, la force au-dessus du droit. »

Le triomphe de la Prusse, la constitution définitive de la grande Allemagne rendaient plus critique que jamais la situation de l'État autrichien. Il fallait ou se mettre définitivement à la remorque du nouvel Empire ou tenter loyalement d'orienter l'ensemble des États austro-hongrois dans les voies du fédéralisme.

L'empereur François-Joseph appela aux affaires (février 1871) le comte Hohenwart, gouverneur de la haute Autriche, et le chargea de donner satisfaction à la Hongrie. M. de Hohenwart commença par faire entrer dans le cabinet deux Tchèques auxquels il confia les portefeuilles de la justice et de l'instruction publique. Nul doute que Rieger n'eût pu devenir titulaire d'un de ces portefeuilles s'il en avait exprimé le désir. Mais il avait mieux à faire. Leader politique de sa nation, il avait à formuler le programme politique de la réconciliation définitive entre la Bohême et la dynastie. Ce programme, connu sous le nom *d'articles fondamentaux*, réclamait notamment la création d'une chancellerie du royaume de Bohême, dont le titulaire ferait nécessairement partie du cabinet, celle d'un Sénat où les différents royaumes et provinces seraient représentés en raison de leur importance, une nouvelle loi électorale qui donnerait enfin aux Slaves la majorité qui leur appartient de par la loi du nombre. Le couronnement de l'empereur comme roi de Bohême faisait naturellement partie du programme arrêté dans les négociations entamées entre les délégués de la Bohême et le chef du cabinet et accepté par lui et par le souverain.

Le 14 septembre 1871, la diète de Bohême fut ouverte. J'assistais à cette séance mémorable. Depuis la fin de la guerre, je résidais à Prague où mes amis m'avaient appelé pour prendre la direction d'un journal en langue française, *la Correspondance slave*. Malgré les désastres de la France, ils ne désespéraient pas de nous; ils persistaient à rêver d'une alliance franco-autrichienne qui tiendrait en échec les ambitions de la grande Allemagne.

Dans cette séance historique du 14 septembre 1871, l'empereur fit donner lecture d'un message adressé à à la diète du royaume, où il s'exprimait ainsi :

C'est notre désir qu'avant tout, les rapports de notre royaume de Bohême avec l'ensemble de la monarchie deviennent l'objet d'un règlement équitable.

En considération de la situation politique de la couronne de Bohême, ainsi que de l'éclat et de la puissance que cette couronne a procurés à nos aïeux ; considérant, en outre, l'inébranlable fidélité avec laquelle la population de la Bohême a, de tous temps, soutenu notre trône, nous reconnaissons volontiers les droits de ce royaume et sommes prêts à renouveler cette reconnaissance par le serment du couronnement.

Cette fois, l'engagement était formel, pris à la face du royaume et à la face de l'Europe. Mais la reconnaissance des droits du royaume, la promulgation d'une nouvelle loi électorale, c'était la fin de la suprématie allemande, dans les pays cisleithans ; c'était l'émancipation définitive de tous les Slaves si longtemps tenus en tutelle. Les Allemands n'étaient pas hommes à se laisser dépouiller sans résistance. Les Magyars, de leur côté, craignaient pour leur suprématie.

Quelque temps auparavant, un des chefs du parti allemand s'écriait écrié en plein Reichstadt : « Concéder à la Bohême ce qu'on accorde à la Galicie, ce serait réduire les Allemands au rôle des Ruthènes ; mais il ne faut pas oublier que ces Allemands sont les congénères d'un grand peuple voisin. » Un autre disait avec une naïve impudence : « Nous n'avons pas vaincu à Sedan pour devenir les ilotes des Tchèques. » Des journaux avaient comparé la Bohême au Schleswig et fait des allusions au rôle libérateur de la Prusse.

Les députés allemands qui, grâce à des élections loyalement accomplies, se trouvaient, pour la première fois, en minorité, quittèrent bruyamment la diète de Prague. Les Tchèques délibérèrent sans eux et envoyèrent à Vienne le texte des articles fondamentaux sur lesquels allaient définitivement s'établir les relations de la Bohême « avec les autres pays de Sa Majesté ».

Déjà, les patriotes se berçaient des plus belles espérances : on supposait que le comte Clam Martinitz serait nommé chancelier de Bohême, et M. Rieger ministre sans portefeuille. Mais la réponse de Vienne se faisait attendre. Des journaux tchèques étaient confisqués. Le 23 octobre, Rieger et Clam Martinitz partaient pour Vienne afin de hâter la conclusion des négociations. M. Andrassy, le chef du cabinet hongrois était déjà arrivé dans la capitale pour faire échec aux revendications de la Bohême.

Le 30 octobre, Rieger et Clam Martinitz revenaient à Prague. Tout avait échoué. Le souverain s'était trouvé hors d'état de tenir sa parole. Les deux délégués furent l'objet d'une chaleureuse ovation. La foule détela les chevaux de la voiture de Rieger et le traîna jusqu'à sa demeure en poussant des acclamations frénétiques. Au milieu de cet enthousiasme, l'homme d'État expérimenté sut contenir les sentiments qui l'agitaient et tint à ses compatriotes un langage digne et ferme :

Nous revenons d'un combat d'où nous sommes sortis avec les honneurs de la guerre. Nous sommes repoussés, mais non pas écrasés. Notre cause n'est pas et ne peut pas être perdue. Nous avons honnêtement travaillé, non seulement à relever notre nation, mais à organiser l'Autriche sous la forme que réclame son intérêt et celui de la civilisation. Malheureusement, nos efforts ont échoué. Des éléments étrangers se sont mêlés sans en avoir le droit, à un conflit qui approchait de sa fin. Dans les circonstances actuelles, il pourrait aisément arriver que la très haute personnalité du souverain fût l'objet de quelque récrimination; mais Sa Majesté était dans une situation très difficile; entre nous et sa personne s'étaient glissés des facteurs étrangers, des éléments absolument défavorables à notre cause. L'empereur croyait devoir, comme souverain constitutionnel, respecter les vœux des autres nations; il a cédé à la pression dont il était l'objet. Il ne nous reste qu'à en appeler de l'empereur mal informé à l'empereur mieux informé. Préparons-nous donc à de nouvelles luttes, d'où nous sortirons victorieux, j'en ai la ferme conviction.

Il ne devait pas voir ce triomphe de la cause pour laquelle il avait si vigoureusement lutté; mais ses dernières années furent, du moins, consolées par le spectacle des progrès de sa nation. Il ne se décida à rentrer dans la vie parlementaire, à Prague et à Vienne, que lorsque le ministre Taaffe eut garanti à la Bohême de sérieuses concessions. En 1881, une université purement tchèque fut créée à côté de l'université allemande où, jusque-là, quelques chaires slaves étaient seulement tolérées; en 1890, fut ouverte une Académie tchèque; en 1895, Prague fut le théâtre d'une exposition ethnographique qui dut rappeler au patriote celle dont il avait été naguère témoin à Moscou, et qui, comme celle de Moscou, a laissé après elle de riches et précieuses collections.

En 1886, Rieger fit partie d'une commission qui avait pour objet de concilier les intérêts des Tchèques et ceux des Allemands du royaume; cette commission ne pouvait aboutir; mais Rieger réussit au moins à faire échouer un plan qui proposait de diviser la Bohême en

deux régions, l'une purement tchèque, l'autre purement allemande, projet dangereux s'il en fut, car il
semblait tracer aux ambitions germaniques les cadres
d'une future annexion.

A un certain moment, la nation tchèque parut
avoir oublié les services de celui auquel elle devait
tant. La lutte entre les jeunes et vieux Tchèques deve-
nait chaque jour plus intense. En 1891, un jeune
Tchèque — peu importe son nom — réussit à enlever à Rieger son mandat au Parlement de Vienne.
L'empereur, qui, au fond, ne gardait pas rancune au
vieux patriote, l'appela à siéger à la Chambre des seigneurs. Sa vieillesse fut affligée par de cruelles épreuves ; il perdit successivement sa femme et une fille de
grand talent sur laquelle reposaient ses plus chères
espérances. Malgré les fluctuations de la vie politique,
il put constater que sa nation lui était reconnaissante
de tout ce qu'il avait fait pour elle. En 1888, à l'occasion
de son soixante-dixième anniversaire, une souscription
nationale réunit une somme de 113.000 florins (près
de 230.000 francs) qui lui fut remise à condition de
l'employer pour lui ou pour les siens. Il accepta, mais
il consacra tous les revenus de cette fondation à des
œuvres d'intérêt public et, par son testament, il léguait
le capital à l'Académie tchèque et à la Société *Svatobor*
qui a pour objet d'encourager les gens de lettres. Il
conserva jusqu'aux dernières semaines de sa vie un
esprit lucide et une santé vigoureuse. En 1900, à
l'âge de quatre-vingt-deux ans, il vint encore visiter
notre Exposition et saluer cette France dans laquelle il

persistait à voir l'alliée naturelle de la race slave. La ville de Prague lui fit le 7 mars 1904, des funérailles grandioses. Ses compatriotes restent reconnaissants à sa mémoire et fidèles à sa double devise :

Dans le travail et la science est notre salut. Ne cédons pas ! Nedejme se !

VIII

LES PROGRÈS DE LA BOHÊME SLAVE
FRANÇAIS ET TCHÈQUES

Il y a quarante-sept ans que j'ai été visiter pour la première fois la capitale de la Bohême. Cette excursion si lointaine parut chose fort singulière à mes amis. Ils se demandèrent pourquoi j'allais si loin étudier l'allemand. Quelques-uns supposèrent que je voulais apprendre l'*autrichien*. On ne soupçonnait guère en ce temps-là l'existence des Tchèques, l'intérêt scientifique que présentait l'histoire de leur nation, bien moins encore l'intérêt politique et moral qu'il pouvait y avoir à établir des relations avec un peuple qui, sans cesse en lutte contre le germanisme, doit avoir nécessairement des sympathies pour la France.

Dans ces temps lointains on m'accusait presque d'avoir inventé une nationalité imaginaire. Des politiciens mal informés voyaient en moi un rêveur, peut-être même un agent panslaviste, soudoyé par les roubles russes, c'est-à-dire un être dangereux.

Aujourd'hui les événements m'ont donné cruellement raison. On commence à comprendre que la France n'aura jamais trop d'amis parmi les nations. Dans cette Bohême, naguère si dédaignée, dans cette Prague, que l'on prenait volontiers pour une ville allemande, la France républicaine est aujourd'hui officiellement représentée par un Consulat général ; les municipalités des deux capitales, les associations diverses des deux pays échangent des étreintes fraternelles. Entre Paris et Prague, les manifestations officielles de sympathies se renouvellent presque tous les ans. Ces manifestations n'ont encore qu'un caractère purement platonique ; mais le jour où l'État autrichien rendant enfin la vraie justice à toutes ses nations (*justitia erga omnes nationes est fundamentum Austriæ*) aura fait à ses sujets slaves la part qui leur revient dans la politique générale de l'Empire, ce jour-là, cet État devra nécessairement sortir de la *Triplice* et se rapprocher de la Russie et de la France.

Dans cette évolution inévitable la Bohême slave jouera certainement un rôle prépondérant.

I

LES PROGRÈS ET L'EXTENSION DE PRAGUE
DEPUIS UN DEMI-SIÈCLE

Depuis ma première visite de 1864, je suis revenu bien des fois à Prague, et, à chaque nouveau séjour, j'ai pu constater quelque nouveau progrès. En 1864, elle n'était encore qu'une grande ville de province enserrée dans une enceinte fortifiée où elle étouffait ; elle était alors revêtue d'une couche factice de germanisme qui dissimulait à l'étranger superficiel son véritable caractère. Le rare touriste français qui s'y égarait n'avait guère de rapports avec l'élément tchèque et la prenait pour une ville allemande assoupie sur les bords de cette Moldau qui s'appelle en réalité Vltava.

En 1866, je suis arrivé au lendemain de l'occupation prussienne pour recueillir les éléments d'un livre sur la Bohême qui parut à Paris l'année suivante ; en 1867, au retour d'un voyage chez les Slaves méridionaux. En 1871, au lendemain de la guerre qui avait désolé ma patrie, j'ai été appelé à rédiger un journal français, *la Correspondance Slave,* dont le programme était l'union intime de notre pays avec la race slave pour contenir les insatiables ambitions de l'Allemagne. En 1872 et 1874, à l'aller et au retour, je me suis arrêté à Prague ou dans la province tchèque pour m'entretenir avec mes amis des résultats de mes explorations scientifiques ou politiques dans la lointaine Russie. Je suis revenu, en 1895, pour étudier l'exposition ethnographique tchèque slave, à laquelle j'ai essayé d'intéresser mes compatriotes (1). En 1906, l'année qui a suivi l'inauguration du monument de Jean l'Aveugle à Crécy — cérémonie à laquelle la ville de Prague avait été officiellement représentée — la municipalité de la glorieuse cité a tenu à me faire les honneurs de la capitale transformée et m'a offert une splendide et cordiale hospitalité. Deux ans après, j'ai saisi avec empressement l'occasion d'aller visiter l'exposition industrielle qui coïncidait avec le soixantième anniversaire du règne de l'empereur-roi François-Joseph. J'ai eu cette fois la bonne fortune de me rencontrer avec les délégués officiels de la ville de Paris et avec notre illustre compatriote Madame Adam.

A chacun de mes voyages, j'ai été heureux de constater l'extension et les embellissements de la ville, le progrès des sympathies de ses habitants pour la France, et ceux de notre langue qui, à côté de l'allemand presque obligatoire, tend de plus en plus à devenir pour les Tchèques éclairés l'idiome international.

Prague, au point de vue administratif, ne forme pas une cité unique, mais une agglomération de communes uniquement séparées par la largeur d'une rue ou d'un boulevard, animées d'un même esprit, inspirées des mêmes traditions historiques.

Vers 1830, la population de ce groupe ne dépassait

(1) Voir *Russes et Slaves*, 2ᵉ série, Paris, 1896.

pas cent vingt-cinq mille habitants ; le total aujour-
d'hui est de cinq cent cinquante mille. Les Allemands
ne figurent plus aujourd'hui dans ce chiffre que pour
une infime minorité — et encore en comptant comme
allemands les Juifs qui sont généralement bilingues.
En 1848, l'allemand était considéré comme la langue
officielle. Le tchèque ne venait qu'en seconde ligne
dans les affiches et les inscriptions. Aujourd'hui, dans
toute l'agglomération pragoise, c'est le tchèque qui
domine sans conteste. Le touriste français peut au
premier abord être gêné par cette éclipse de l'allemand. Mais il devra se consoler en songeant que les
échecs du germanisme profitent au fond à notre langue et que sa qualité de Français, franchement déclarée, lui assurera de chaleureuses sympathies et des
traducteurs complaisants.

L'exposition récente de Prague a été organisée par
la Chambre de Commerce de cette ville pour célébrer
le soixantième anniversaire de l'empereur François-
Joseph. Un membre de la famille impériale a bien
voulu en accepter le patronage ; mais, si l'on veut aller
au fond des choses, ce qu'elle célèbre réellement, c'est
cette date magique de 1848 à laquelle se rattache la
régénération politique de la Bohême slave, c'est le
souvenir des luttes accomplies pour émanciper définitivement l'élément tchèque de la domination, disons
plutôt de l'oppression germanique, c'est celui de ce
congrès slave qui fit battre tant de cœurs, souleva
tant de colères et qui fut brutalement dispersé par le
canon de Windischgratz.

Les patriotes octogénaires dont les souvenirs remontent à cette époque lointaine, ont certes — malgré quelques amères déconvenues — le droit de se réjouir des succès et des conquêtes qu'ils n'auraient jamais osé rêver dans leur jeunesse.

Les années qui suivirent le réveil momentané de 1848 furent des années de terrible désenchantement. L'état de siège pesa sur la capitale de 1849 à 1853. La presse nationale qui avait essayé de prendre son essor fut à peu près complètement étouffée. C'est tout au plus si une censure impitoyable tolérait quelques feuilles littéraires, religieuses ou agricoles (1). L'allemand s'imposa dans le commerce, dans la vie sociale, dans l'enseignement. Le théâtre allemand donnait, au maximum, deux ou trois représentations par semaine en langue tchèque. La récitation publique de quelque poésie dans cette langue n'était même pas tolérée. Voici, par exemple, comment le 13 novembre 1860, au moment où l'Autriche allait se transformer en un État soi-disant libéral, fut célébré le cinquantième anniversaire de la naissance du poète Macha, l'un des fondateurs de l'école romantique. Un buste du poète, couronné de lauriers, fut dressé dans une salle où se réunirent un certain nombre de patriotes. On leur distribua à chacun une poésie de circonstance, qu'il était interdit de lire à haute voix. A un signal donné, ils se levèrent, faisant chacun tout bas la lecture du morceau, et après avoir crié « Gloire à Ma-

(1) En 1850, il y avait 7 journaux tchèques. Il y en a aujourd'hui 875.

cha », ces fantômes de manifestants se dispersèrent.

Sous ce prétendu régime libéral qu'enviaient de naïfs libéraux français (le bon Pelletan réclamait la liberté *comme en Autriche*) c'était une affaire d'État que la fondation d'un journal politique et c'était une situation terrible que celle de rédacteur en chef. Pendant de longues années, sous un prétendu régime de liberté, l'histoire de la presse tchèque n'est qu'un long martyrologe ; mais peu à peu elle a su triompher de toutes les difficultés et elle joue aujourd'hui un rôle d'avant-garde chez un peuple qui, au point de vue de la culture générale, occupe sans conteste le premier rang parmi les peuples slaves et où le nombre des illettrés ne dépasse pas, je crois, 5 0/0. Il paraît aujourd'hui à Prague plus de huit cents périodiques tant en tchèque qu'en allemand.

Au moment de mon premier voyage en Bohême, à Prague, en 1864, on commençait à parler de l'établissement d'un grand théâtre national. J'ai raconté dans mon récent livre sur Prague quels sacrifices les Tchèques s'étaient imposés pour ériger ce théâtre dont leur ville est si fière aujourd'hui, comment ils avaient entassé offrande sur offrande pour arriver à la réalisation d'une entreprise poursuivie pendant près d'un quart de siècle. Ce fut une fête vraiment unique que celle journée du 16 mai 1868, où fut posée la première pierre du Théâtre national. De toutes les parties du royaume et des deux pays qui appartiennent à la couronne de Bohême, de la Moravie, de la Silésie, des trains spéciaux déversaient sur la capitale des milliers de pèlerins. L'ouverture définitive du sanctuaire, en 1883, donna lieu à des manifestations analogues et pendant des mois entiers les trains dits de théâtre amèneront sans relâche dans la capitale des foules enthousiastes. Voir Naples et mourir, dit le proverbe italien. Prague aussi est pour les pèlerins slaves de la Moravie et de la Silésie et les paysans slovaques une cité magique dont le nom seul enchante les imaginations.

Le Théâtre national qui n'a point coûté moins de sept millions fournis par des souscriptions volontaires, est aujourd'hui l'un des meilleurs de l'Europe. Il occupe un personnel d'environ quatre cents personnes. J'assistais l'autre jour en compagnie de Madame Adam à une représentation de *Carmen*. Le rôle de l'héroïne était chanté par une artiste célèbre dans les deux mondes, Mademoiselle Destinn, une Tchèque bien connue en Allemagne et en Angleterre, et nous étions d'accord pour trouver que notre Opéra-Comique, même au temps de la regrettée Galli-Marié, n'aurait pas mieux monté le chef-d'œuvre de Bizet.

Les trente dernières années du dix-neuvième siècle ont été particulièrement favorables au développement de la ville de Prague. Occupée sans résistance par les Prussiens en 1866, elle a pu constater l'inutilité des remparts qui l'étouffaient. Elle en a obtenu la démolition. Elle s'est étendue librement de tous les côtés.

Elle n'a point absorbé les communes qui ont grandi autour d'elle. Mais elle leur a communiqué ce souffle de vie qui fait battre depuis tant de siècles son cœur généreux. Dans la ville annexe de Vinohrady, qui occupe l'emplacement d'anciens vignobles royaux, un théâtre s'est récemment ouvert qui rivalise de son mieux avec le Théâtre national. Il a eu pour premier directeur le littérateur distingué qui a pendant de longues années dirigé le Théâtre national et qui en a écrit l'histoire, M. François Subert.

Sur l'emplacement du bastion où s'ouvrait naguère la Porte des Chevaux s'élève aujourd'hui le grand Musée national qui sert en même temps de Panthéon. Il abrite l'Académie tchèque inaugurée il y a tantôt vingt ans grâce aux libéralités d'un généreux mécène, l'architecte Hlavka. Prague n'avait naguère qu'une seule université où l'enseignement se donnait surtout en langue allemande. Depuis 1882, elle a une université tchèque indépendante qui compte aujourd'hui plus de quatre mille étudiants. Elle est actuellement, je crois, la seule ville du monde possédant deux universités parallèles.

Le vieux quartier des Juifs a été en partie éventré et remplacé par une rue grandiose qui met la place de l'Hôtel-de-Ville en communication directe avec la pittoresque Vltava. Sur la rive gauche de cette rivière, en amont du Théâtre national, un quai nouveau allonge les façades élégantes de ses maisons modernes. Trois nouveaux ponts réunissent les deux rives de la Vltava.

En 1864, la ville ne possédait qu'un seul Musée établi dans un modeste palais de la rue des Fossés. Elle en compte aujourd'hui une douzaine environ : je signalerai seulement le Musée d'ethnographie tchèque slave, établi dans l'ancien jardin Kinsky, le Musée commercial, le Musée industriel, le Musée de la ville, le Musée industriel qui porte le nom de son fondateur Vojta Naprstek, la galerie d'art moderne et la galerie artistique du Rudolphinum. J'omets les collections qui appartiennent à des monastères ou à des particuliers. L'emplacement des anciens remparts a été en partie converti en jardins d'agrément et telle place naguère entièrement nue, la place Charles IV, transformée en square délicieusement ombragé.

Aux rares omnibus qui cahotaient naguère le voyageur sur un pavé raboteux a succédé un système fort bien combiné de tramways électriques exploités par la municipalité. La colline sur laquelle se dresse le Palais Royal, naguère désespoir du piéton et bonne fortune des cochers rapaces est maintenant gravie allégrement par des omnibus automobiles.

II

LE CONSEIL NATIONAL

Je n'en finirais pas si je voulais énumérer tous les progrès accomplis. Parmi les innovations qui ont attesté la vitalité de l'esprit national et aussi des sympathies françaises en Bohême, il en est trois sur lesquelles, je voudrais particulièrement appeler l'attention : l'institution du Conseil national, le développement des sociétés de gymnastique connues sous le nom de Sokols, les progrès de l'Alliance française en Bohême.

On sait quelles luttes ardentes les Tchèques ont à soutenir, soit dans leur propre Diète, soit au Parlement de Vienne pour la défense de leur langue et de leur nationalité.

Pour parer sans relâche à toutes les difficultés qui peuvent se présenter, les Tchèques, en dehors de leurs représentations officielles à la Diète de Prague et au Parlement de Vienne, ont créé un organe officieux, le Conseil national. Ce Conseil est à l'ensemble de la nation ce que sont à certaines assemblées les commissions permanentes. Il a pris pour devise deux mots difficiles à traduire leur laconique concision :

NAROD SOBIE

C'est-à-dire *Natio sibi* : la nation par elle-même et pour elle-même.

Le Conseil national réunit en un seul faisceau toutes les forces du pays, étudie toutes les questions intéressant le peuple tchèque dans les trois pays de la Couronne de Bohême (Bohême, Moravie, Silésie) et chez les Tchèques vivant dans les autres pays de l'Autriche et même en dehors de la monarchie.

Le Conseil national renferme des représentants de tous les partis politiques ; il ne s'occupe que des questions concernant la nation toute entière, le maintien des droits historiques du royaume intégral adapté aux principes modernes et aux besoins actuels de la nation, la défense de la langue tchèque dans toutes les circonstances où l'allemand prétendrait l'éliminer, le développement économique, intellectuel et social de la Bohême slave.

Il s'occupe de toutes les mesures à prendre pour protéger les Tchèques qui vivent dans les régions où les Allemands sont en majorité ; il s'occupe aussi de fournir à l'étranger des documents et des informations pour tout ce qui concerne les intérêts tchèques. Les ressources dont il a besoin pour agir lui sont fournies par un impôt volontaire qui se perçoit d'une façon fort simple. Le Conseil émet des timbres de 2, 4, 6, 8, 10, 20 heller (liards) ou même d'une couronne, portant la devise *Narod Sobie* et les armes de Bohême, de Moravie et de Silésie. Ces timbres qui, bien entendu, n'ont point de valeur légale, sont appliqués par les patriotes sur les lettres des particuliers, sur les factures, sur les cartes postales, sur les affiches, les brochures. Celui qui emploie ces timbres s'impose en somme un impôt volontaire au profit de la nation. Jusqu'ici les revenus de cette taxe ont surtout servi à venir en aide aux institutions tchèques (cercles, écoles) créées dans les régions germanisées, où les Slaves ne sont plus que des minorités. On sait combien la lutte pour la vie est âpre dans ces régions et avec quelle docilité touchante les Teutons appliquent les leçons évangéliques de ce bon Mommsen, qui les engageait à cogner fort sur les Tchèques. Moyen un peu brutal peut-être de leur inculquer cette *deutsche Kultur* dont ils se montrent si peu avides.

Le Conseil national était naguère présidé par le docteur Herold, député, jurisconsulte et orateur éminent que nous avons vu en France à l'inauguration du monument de Crécy. Il a eu ensuite à sa tête le professeur Czelakovsky, historien et juriste de grande valeur, correspondant de notre Académie des sciences morales et politiques. Il est aujourd'hui présidé par un avocat distingué, M. le docteur Podlipny. Il compte dans son sein des parlementaires et des publicistes de Bohême, de Moravie, de Silésie. Il a pris sous ses auspices une fédération de l'enseignement populaire.

III

Les sokols

Parmi les diverses institutions nationales, celle qui, depuis un demi-siècle, a réalisé les progrès les plus considérables, c'est celle des Sociétés de gymnastique connues sous le nom de Sokols (les faucons) (1). On sait quel rôle ont joué en Allemagne les *Turnvereine* et comment ils ont préparé l'unité germanique. Les Sokols jouent un rôle analogue dans le monde tchéco-slave.

Les origines de cette institution remontent à l'année 1862. Les fondateurs du premier Sokol ne furent pas, comme on pourrait le croire, des profession-

____

(1) On les appelle ainsi à cause de la plume de faucon dont leur coiffure est décorée.

nels du muscle, des maîtres de gymnastique désireux
d'élargir leur clientèle, mais des publicistes, des professeurs : Miroslav Tyrs philosophe et esthéticien, Emmanuel Tonner, depuis directeur d'une académie com-
merciale ; les deux frères Gregr, tous les deux journalistes et hommes politiques. La première société créée
par eux sous le vocable pittoresque que je viens
d'expliquer fit ses débuts en 1862. Cette même année,
huit sociétés analogues se créèrent en Bohême et en
Moravie. Aujourd'hui dans les pays tchèques et dans
la Basse Autriche où les Tchèques sont fort nombreux (plus de 300.000), le nombre total des sociétés est d'environ huit cents et celui de leurs membres
de soixante-quinze mille.

Le nom des Sokols s'est répandu chez les Slaves
voisins. La Galicie compte cent soixante-quinze sociétés avec vingt mille membres, la Posnanie prussienne
cent soixante-deux sociétés avec sept mille membres.
La Pologne russe n'a pas encore la liberté d'imiter la
Bohême en matière de gymnastique. Des sociétés de
Sokols s'organisent aussi en Russie, chez les Slovènes
et chez les Croates.

Les noms de ceux qui se sont dévoués à l'organisation de ces sociétés, par exemple ceux de Fugner et de
Tyrs, sont restés populaires à l'égal de ceux des plus
illustres patriotes.

Les Sokols n'ont pas seulement contribué à développer chez les Slaves de Bohême l'énergie musculaire
et l'esprit d'association.

Ils ont joué un rôle considérable dans les relations

de la Bohême avec l'étranger. Ils lui ont donné un élément de représentation nationale, non seulement vis-à-vis des peuples slaves, mais vis-à-vis des pays étrangers, notamment de la France et de la Belgique. Les Tchèques englobés dans l'Autriche-Hongrie n'ont naturellement ni agents diplomatiques ni attachés militaires. Le costume des Sokols avec la chemise rouge, la veste grise et la toque à plume de faucon, rappelle par plus d'un détail la tenue légendaire des garibaldiens. Il tire l'œil et se distingue entre tous les costumes similaires. Depuis une vingtaine d'années on l'a vu apparaître fréquemment dans les concours internationaux.

Si mes souvenirs sont exacts, il s'est montré pour la première fois en France à l'exposition de 1889. Je me rappelle encore le succès que les Sokols obtinrent à ce moment-là et ma mauvaise humeur contre ceux de nos compatriotes qui, dans leur ignorance héréditaire, s'obstinaient à les appeler les Hongrois. Tchèque est un mot qui n'entre pas facilement dans la tête des Français, généralement mal documentés sur la géographie de l'Europe orientale.

Du temps où Floquet était président de la Chambre des Députés, elle reçut de Prague pour sa bibliothèque un volume illustré dont le texte était naturellement en langue tchèque. Le président fit remercier, tout en exprimant le regret que son ignorance de la langue *hongroise* ne lui permît pas de profiter du précieux cadeau. L'autre jour encore, en annonçant le départ de la délégation municipale de Paris pour Prague, un grave journal, *l'Écho de Paris*, nous faisait savoir que le secrétaire de la municipalité pragoise irait recevoir nos compatriotes à la frontière *de la Hongrie*. Je supplie mes confrères d'avoir toujours sous les yeux une carte ethnographique toutes les fois qu'ils ont à parler des peuples qui vivent au delà de l'Allemagne.

IV

L'ALLIANCE FRANÇAISE

Il y a un demi-siècle la langue française n'était guère pratiquée en Bohême que dans les cercles restreints d'une aristocratie cosmopolite qui ne sympathise guère avec notre démocratie, et qui, sauf de rares exceptions, ne paraît guère se soucier des choses intellectuelles.

En 1864, parmi les gens de lettres et les hommes politiques, deux ou trois, tout au plus, étaient en état de tenir une conversation courante dans notre langue.

Aujourd'hui la connaissance du français a fait de grands progrès dans le monde intellectuel et commercial de la Bohême slave. Il s'est fondé à Prague, il y a un quart de siècle, une section autonome de l'Alliance pour la propagation de la langue française. Elle a eu pour premier président un artiste qui avait longtemps vécu à Paris, Sobieslav Pinkas, qui avait épousé une Française et qui a laissé dans notre pays quelques toiles distinguées. Son zèle pour la diffusion de notre langue lui avait valu le ruban de la Légion d'honneur. La même distinction a été méritée par le président actuel, son fils le docteur Ladislas Pinkas, ancien élève de notre École des Sciences politiques. Sous sa direction, l'Alliance de Prague est devenue un centre précieux, non seulement pour ceux de nos compatriotes qui s'intéressent à notre langue, mais aussi pour les Français de passage à Prague. Elle a eu l'occasion de faire entendre à Prague quelques-uns de nos conférenciers les plus distingués. En 1908, elle organisa en l'honneur de Madame Adam et de quelques visiteurs parisiens une soirée artistique et littéraire dont le souvenir sera toujours cher à tous ceux qui ont eu la bonne fortune d'y participer. En louant l'action féconde de cette association que j'ai eu la joie de fonder naguère et en la remerciant de son hospitalité, j'ai le devoir de présenter une requête à son président.

Au lendemain même de la séance dont je garde un si reconnaissant souvenir, un membre de l'Alliance qui signait *un francophile enthousiaste* m'écrivait pour me signaler un *desideratum* assez grave :

« L'étude du français, disait-il en résumé, n'est guère accessible ici qu'aux riches qui peuvent payer des leçons particulières au moins deux couronnes. A l'Université, les étudiants s'occupent surtout de l'ancien français. Ne pourrait-on pas créer des cours populaires à prix réduits ?

« Les Allemands — c'est toujours mon correspondant qui parle — construisent partout chez nous des écoles allemandes qui sont subventionnées en secret par l'Empire. La France ne peut-elle faire quelque chose pour nous ? »

Si, parmi nos lecteurs, il en était un qui voulût contribuer à cette œuvre d'expansion nationale, je le prierais de vouloir bien adresser son offrande au siège de l'Alliance pour la propagation de la langue française à Paris (1).

Deux sections fort prospères de l'Alliance ont été créées depuis quelques années à Hradec Králové et à Jiczin. Dans ces régions du nord qui ont connu les misères de l'invasion allemande, les sympathies françaises sont particulièrement chaleureuses. Un délégué de Hradec Králové (2) et un délégué de Jiczin étaient venus tout exprès pour assister à la fête offerte aux représentants de la France. Lors d'une visite à Hradec Králové, j'ai pu constater les ardentes sympathies de la province tchèque pour notre pays.

Les Tchèques ne peuvent, en Autriche, se dérober à la nécessité de parler l'allemand dans certaines circonstances qu'ils s'efforcent d'éviter. Mais ils s'appliquent à lui substituer le français pour les relations internationales.

L'Alliance française, pourvue d'une riche bibliothèque, est un centre précieux pour ceux de nos compatriotes que leurs affaires ou leur curiosité appellent dans la capitale de la Bohême.

(1) 186, boulevard Saint-Germain.
(2) En allemand Kœniggratz.

Dans ma jeunesse, la France n'y était pas officiellement représentée. Elle possède depuis une vingtaine d'années un Consulat dont la création a comblé une très regrettable lacune. J'ai raconté dans mes *Souvenirs* comment, au lendemain de la guerre allemande, j'avais dû remplir des fonctions consulaires à titre officieux pour secourir ou rapatrier ceux de nos soldats qui, échappés des geôles allemandes, étaient venus chercher un refuge sur le sol hospitalier de la Bohême.

La création d'un consulat français justifiée par tant d'intérêts moraux, commerciaux et industriels, n'a pas été sans susciter — on devine de quel côté — des sentiments malveillants et des intrigues plus ou moins dissimulées. Des démarches — dont on connaît les instigateurs tant en France qu'à l'étranger — ont été tentées pour faire supprimer soit le consul, soit même le consulat. Elles ont été déjouées et la vigilance de nos hommes d'État a été attirée à temps sur les menées de ceux qui sont les éternels ennemis de notre pays. N'insistons pas.

Depuis le temps où, modeste étudiant, j'ai ouvert la voie, non sans m'exposer à être quelque peu traité de rêveur ou de Don Quichotte, les événements se sont chargés de me donner raison. Des publicistes distigués, des touristes de bonne volonté — surtout depuis les événements de 1870 — ont suivi mon exemple. La Bohême slave n'est plus pour nous une *terra incognita*. Mais elle est encore, au point de vue des transports, difficilement accessible. Aucun train ne relie directement Paris à Prague. Il serait vivement à souhaiter que les relations entre les deux capitales fussent facilitées par un accord entre les compagnies intéressées.

V

LA CONFÉRENCE SLAVE DE 1908

Trois événements considérables se sont produits au cours de l'année 1908 dans la vie de Prague et de la nation tchèque : la Conférence slave dont la capitale de la Bohême a été le théâtre, l'Exposition de la Chambre de Commerce et la visite officielle des représentants du Conseil municipal de Paris.

Nous sommes loin du temps où, sous l'influence de circonstances qui ne se reproduiront plus, notre public se faisait un fantôme, une sorte de spectre rouge du Panslavisme. Ce spectre, évoqué sans relâche par les ennemis de la Russie, était fort à la mode sous le règne de Napoléon III. Il détournait malheureusement nos yeux du péril germanique qui nous menaçait et qui, depuis 1870, n'a pas cessé d'être redoutable.

Les Tchèques, avant-garde du monde slave, ont été les premiers à comprendre que, pour résister à l'effroyable poussée allemande, il leur était indispensable de s'appuyer sur l'ensemble des peuples slaves et que la race tout entière, oubliant ses discordes, devait se grouper pour résister à l'ennemi qui menace tout ensemble les Slaves et les Latins. En 1848, ils avaient convoqué à Prague un Congrès des Slaves d'Autriche auquel la réaction triomphante ne laissa pas le temps de développer son programme. En 1867, lors des fêtes données à Moscou à l'occasion du Congrès d'ethnographie slave, ils envoyèrent dans cette capitale une délégation où figuraient leurs premiers hommes d'État, Rieger et Palacky, et ils appelèrent l'attention de leurs hôtes sur la nécessité d'oublier les vieilles querelles et de se grouper dans l'intérêt supérieur de la race. A en croire certains de nos organes de ce temps-là, il semblait qu'ils eussent commis un acte de haute trahison envers l'Europe civilisée et en particulier envers la France à laquelle ils ne devaient rien.

Ceux qui trahissaient à ce moment-là nos intérêts, c'étaient ceux qui ne voyaient pas où étaient nos véritables ennemis et quel contrepoids pouvait leur opposer la grande Slavie.

Les circonstances qui nous ont amenés à nous rapprocher de la Russie nous ont obligés à rechercher la véritable raison de ce panslavisme autrefois si mal compris et si sottement interprété chez nous.

Malheureusement l'unité morale du monde slave est bien loin d'être un fait accompli. Des rivalités douloureuses divisent les Russes et les Polonais, les Polonais et les Ruthènes ou Petits Russes, parfois même les Serbes et les Bulgares.

Les Tchèques naguère ont offert leurs services comme médiateurs entre Moscou et Varsovie, mais ils ont été éconduits. Les événements dont la Prusse orientale a été récemment le théâtre ont prouvé que l'ennemi le plus redoutable des Polonais, ce n'était pas le Russe, mais l'Allemand. La loi qui autorise le gouvernement prussien à exproprier les propriétaires polonais pour cause d'utilité germanique, cette loi monstrueuse a dessillé les yeux de beaucoup de patriotes. Si les rares survivants de l'émigration polonaise persistent encore dans l'attente d'un miracle messianique, les esprits plus positifs commencent à comprendre qu'il faut avant tout préserver l'existence de la nation et que la Pologne, tant de fois déçue par les sympathies fallacieuses de l'Occident, ne peut plus compter que sur la race slave. Beaucoup d'entre eux se sont donc résignés, sinon décidés avec enthousiasme, à un rapprochement avec la Russie, rapprochement dont, cette fois encore, l'initiative a été prise par les Tchèques, le peuple d'avant-garde, le peuple médiateur par excellence (1).

Dans le courant du mois de mai 1908, un homme politique fort distingué, M. Kramar, président du Club tchèque du parlement de Vienne eut l'idée de se rendre à Pétersbourg, pour échanger quelques idées avec les hommes politiques russes. Il était accompagné de deux de ses collègues au Reichsrath, M. Illibovitski, député des Ruthènes ou Petits-Russes de Gali-

(1) Au fond l'initiative première du Congrès paraît revenir à un patriote russe, M. Borzenko d'Odessa, qui fit connaître, il y a deux ans, l'intention de consacrer une somme considérable aux intérêts généraux de la race slave. J'ai eu l'honneur d'être en correspondance avec lui à ce sujet : nous avions songé à un *Congrès de statistique slave internationale.*

cie, et M. Hribar, député slovène au parlement viennois. Ces représentants des Slaves autrichiens entrèrent en relations avec les membres du cercle politique et du cercle d'action sociale. Il ne s'agissait point de traiter des questions politiques qui sont du ressort des chancelleries et des congrès diplomatiques, mais des intérêts matériels et moraux de la race slave. Les députés polonais ne sont pas bien nombreux dans la douma actuelle, mais ce sont des hommes politiques qui comprennent toute la portée du mot légendaire que Nicolas adressait naguère à leurs ancêtres : « Messieurs, pas de rêves ! » D'autre part, depuis quelques années, à Cracovie, chez les Polonais d'Autriche, un groupe s'est constitué qui prêche le rapprochement avec les congénères slaves.

Ce groupe a eu pour initiateur le professeur Zdziechowski, de l'Université de Cracovie. Il a pour organe une revue intitulée *la Revue slave*, dont le titre dit assez les tendances et qui, malgré sa modération relative, est malheureusement interdite dans l'Empire russe.

Assuré de la bonne volonté des Polonais de Pétersbourg, M. Kramar et ses collègues s'abouchèrent avec les hommes politiques russes.

Menacés d'un côté par le péril jaune qui leur a déjà coûté si cher, de l'autre par le péril germanique, les Russes éclairés ont fini par comprendre que la politique suivie jusqu'ici vis-à-vis de la Pologne était non seulement immorale, mais dangereuse, et qu'elle faisait en somme le jeu de l'Allemand. Quelle joie, à

Berlin, le jour où, sous prétexte de rétablir l'ordre, on pourrait faire entrer deux ou trois divisions dans le pays vistulien ! Les conditions d'une entente morale entre les deux grands peuples de la race slave, étaient plus faciles à établir en 1908 qu'en 1867. Il fut décidé qu'une conférence slave internationale se réunirait à Prague, au mois de juillet 1908, et que les divers peuples y seraient représentés.

Cette conférence a eu lieu en effet, et le docteur Kramar en a été nommé président. Chacun des peuples slaves y était représenté par plusieurs délégués et chacun a fourni à la conférence un vice-président. Seuls, les Petits-Russiens ou Ukrainiens, dont le programme est encore terriblement vague, avaient cru devoir s'abstenir.

A côté du nom de M. Kramar, je citerai seulement celui de M. le docteur Gros, l'excellent maire de Prague qui suit avec tant de distinction les traditions de son prédécesseur, le docteur Srb. Les divers groupes slaves étaient représentés, en général, par des hommes politiques, des publicistes, des hommes de lettres. Une énumération générale des délégués et de leurs titres serait un peu longue, demanderait beaucoup de commentaires, et je ne voudrais pas être exposé à blesser ceux dont j'aurais oublié les noms. Les séances eurent lieu dans le local de l'Hôtel de Ville de Prague. Les matières à l'ordre du jour du Congrès étaient toutes, en principe, étrangères à la politique.

Il avait à s'occuper successivement d'une exposition

panslave à Moscou, de l'organisasion du tourisme slave ou pour être plus exact, interslave, des excursions agricoles à entreprendre dans les divers pays slaves, de l'extension de l'organisation des Sokols à tous les pays slaves, de l'établissement d'une banque slave, de l'organisation des rapports littéraires et de la fondation d'un marché central de librairie slave pour échapper au monopole de Leipzig, de l'organisation d'un comité permanent des pays slaves.

En principe, les débats n'étaient pas publics et les journalistes n'ont été admis qu'à condition de prendre l'engagement d'honneur de ne point révéler les débats sur lesquels on leur demanderait le silence.

La politique devait rester étrangère aux débats de la Conférence slave, mais il n'était pas possible qu'elle ne s'imposât pas, à certains moments, en dépit de toutes les précautions protocolaires. Voici comment elle fit son apparition.

A propos de l'exposition que l'on proposait d'organiser à Moscou, les délégués polonais déclarèrent que le royaume — c'est-à-dire la Pologne russe — était disposé à y prendre part ; mais, ajoutaient-ils, vu les circonstances difficiles que le pays traverse, cette participation ne sera peut-être pas aussi brillante qu'on aurait pu l'espérer.

A cette occasion, un député russe fit une importante déclaration :

« Nous souhaitons vivement, dit-il, de voir disparaître le plus tôt possible les obstacles qui s'opposent au développement de la culture polonaise ; les changements qui se sont accomplis en Russie nous garantissent — nous l'espérons — que les malentendus antérieurs ne se renouvelleront pas à la lumière de la conscience nationale (1). Je prie les Polonais de considérer que le peuple russe a vu, lui aussi, se dresser ces obstacles, de sorte que nous ne pouvions pas être ce que nous pouvons être à la lueur de cette conscience. »

A la suite de cette loyale déclaration, les délégués russes se sont levés de leur place et sont allés serrer la main aux délégués polonais et l'Exposition de Moscou a été votée à l'unanimité ; les Polonais se sont engagés à y prendre part.

A propos de cet incident, un grand journal de Prague, la *Gazette nationale*, écrivait :

« Quand même la conférence de Prague n'aurait donné que ce résultat, ce serait déjà suffisant. »

Au banquet offert par la ville de Prague, le 16 juillet, un délégué russe, M. Maklovsky a fait entendre de nouveau des paroles de justice et de conciliation :

« Nous évoquons le souvenir du passé pour y voir les fautes qui ne doivent pas se reproduire. Nous savons que le conflit historique le plus compliqué se laisse aisément résoudre si l'on aborde la solution dans un esprit de justice. Il est bien entendu que l'idée de l'union panslave implique l'idée de la liberté et de l'égalité de tous les peuples slaves.

______

(1) La conscience nationale, c'est-à-dire la Russie parlementaire.

« Ce que nous avons fait ici, à Prague, ne s'effacera pas de l'histoire ; nous avons échangé ici des sentiments qui ne s'oublient pas ; nous nous sommes dit des paroles qui engagent. Nous avons commencé une œuvre qui ne périra pas. »

A ces paroles généreuses, un délégué polonais, M. Grek, répondit en rappelant l'antique amitié de Mickiewicz et de Pouchkine (1), en buvant à l'idéalisme russe et à son représentant, M. Maklovsky. Un délégué russe, M. Bobrynski, a bu aux Polonais de la Poznanie prussienne, qui — pour des raisons que l'on devine — n'étaient pas représentés à cette fête de famille. Je n'entre pas dans le détail de toutes les délibérations. Un projet particulièrement intéressant au point de vue économique, c'est celui qui concerne la fondation d'une banque slave internationale.

Dans sa dernière séance, la Conférence a constitué un Comité exécutif chargé de mener à bien ses résolutions. Prague a été choisie comme siège de ce comité, dont la présidence a été confiée au docteur Kramar ; la Russie et la Pologne y sont chacune représentées par trois délégués et trois suppléants ; les peuples sud-slaves, chacun par un délégué : il a été décidé que le prochain Congrès se tiendrait à Saint-Pétersbourg en 1909 et cette résolution a été votée à l'unanimité. L'un des délégués russes, M. Krasovsky,

____

(1) J'ai évoqué ce souvenir dans une étude intitulée: Mickiewicz et Pouchkine (*Russes et Slaves*, 3ᵉ série, p. 251). Je suis heureux de constater que mon appel à la réconciliation des deux pays slaves a été enfin entendu.

a proposé et fait adopter la résolution suivante :

« La Conférence préparatoire proclame que l'idée du rapprochement des Slaves est réalisable et féconde et déclare que pour mettre fin aux malentendus entre les peuples slaves, il est indispensable de reconnaître le principe de l'égalité du libre développement national de tous les Slaves. »

Le délégué polonais, M. Dmowski, a pris acte de cette déclaration et proclamé à son tour qu'une Russie équitable pour toutes les nations, et notamment pour les Polonais, était nécessaire, non seulement au peuple russe, mais aussi aux peuples slaves et à toute l'humanité. Il a ajouté, aux applaudissements de l'auditoire, qu'une Russie équitable était la condition nécessaire de la solution du problème slave et que, du moment où ils seraient assurés de cet esprit d'équité, les représentants de la nation polonaise s'engageaient à travailler à l'œuvre commune de la race slave.

Le professeur Zdziechowski, de Cracovie, a pris à son tour la parole en polonais, en tchèque, en russe pour rendre hommage au rôle conciliateur des Tchèques et, en particulier, à l'activité bienfaisante du docteur Kramar.

A la fin de la séance, le chef de la délégation russe a remis au président une somme de deux mille couronnes pour contribuer aux frais d'une enquête sur les besoins économiques ou moraux de la solidarité slave ; les délégués polonais ont remis, de leur côté, une somme de seize cent cinquante couronnes. Cette collaboration des deux groupes à une œuvre commune est plus éloquente que les paroles les plus pathétiques.

Dans son discours de clôture, le président a pu constater avec joie que rien ne s'opposait plus à la réconciliation des deux plus grands peuples slaves et l'on s'est séparé en se donnant rendez-vous pour l'année suivante à Saint-Pétersbourg.

Malheureusement les espérances que cette première conférence avait fait naître ne se sont pas réalisées en ce qui concerne les rapports des Russes et des Polonais. Mais ce n'est pas là la faute des Tchèques, c'est celle des Russes qui n'ont pas répondu à nos vœux.

A la conférence slave a succédé, peu de temps après, un Congrès international des Chambres de Commerce. Ce Congrès, où notre gouvernement était officiellement représenté, a pu se faire une idée des progrès économiques et industriels de la nation tchèque par l'exposition jubilaire qui était alors ouverte et qui avait été organisée par la Chambre de Commerce de Prague.

Rappelons à ce propos un détail assez peu connu. La première Exposition industrielle du continent européen eut précisément pour théâtre la ville de Prague. Elle fut ouverte, en 1791, dans le local de l'Université appelé Clementinum à l'occasion du couronnement de Léopold II. Le mot exposition (en allemand : *Ausstellung*) n'était pas encore à la mode et cette exhibition temporaire fut appelée *Waarencabinet* (cabinet des marchandises), comme on dit cabinet d'histoire naturelle.

Pour célébrer cet anniversaire, une Exposition industrielle fut ouverte à Prague, en 1891. Les deux nations tchèque et allemande devaient y être également représentées. Mais les Allemands n'aiment guère prendre part à une œuvre commune avec les Tchèques et si, en principe, l'Exposition resta bilingue, en réalité, les Tchèques seuls y furent représentés. L'intérêt que cette manifestation excita pour l'art et la vie populaire fit naître l'idée d'une Exposition ethnographique tchèque-slave que j'ai visitée en 1895 et dont j'ai donné naguère la description (1). Cette exposition ethnographique a fourni depuis les éléments d'un Musée de premier ordre.

L'exposition jubilaire de 1908 n'embrassait pas tout le royaume. Elle ne comprenait que les districts qui dépendent de la Chambre de Commerce de Prague. Cette région compte environ deux millions d'habitants, parmi lesquels les Tchèques forment une écrasante majorité. Les impôts qui frappent cette région atteignent le chiffre de onze millions de couronnes et constituent à peu près le septième des revenus similaires du fisc autrichien. Pour donner une idée de l'importance de ce district, il suffit de rappeler qu'il renferme la plus grande minoterie de l'Autriche, la plus importante sucrerie, les grandes fabriques de wagons, de machines et de machines agricoles. Il est le centre de production d'articles qui sont répandus dans le monde entier, par exemple — pour prendre

_____

(1) *Russes et Slaves* (2ᵉ série, Paris, 1895).

deux types d'ordre très différent — d'un côté, le jambon de Prague, de l'autre, le grenat de Bohême.

Quelques chiffres donneront une idée du progrès économique et industriel dont ce district favorisé a été le théâtre depuis un demi-siècle.

Depuis l'année 1855, le nombre des habitants s'est accru de 63 p. 100; celui des personnes employées dans le commerce et dans l'industrie, de 128 p. 100; la valeur de la production industrielle qui représentait, en 1855, 270 millions de couronnes, atteint aujourd'hui le chiffre de 1 milliard 200.000. Près de la moitié des usines — 42 p. 100 exactement — occupent plus de mille ouvriers. Les industries les plus prospères sont celles de la métallurgie, de la polygraphie(impression, gravure, reproduction), des vêtements, du cuir, des machines. Le district est fort riche en fer et en houille. Les revenus soumis à l'impôt représentent 40 p. 100 du total des revenus du royaume.

Une région aussi riche, plus peuplée à elle seule que certains États de troisième ordre, pouvait aisément entreprendre une Exposition indépendante, et il ne faut pas s'étonner si elle y a réussi. L'Exposition a compté environ deux mille exposants. Les produits étaient disséminés dans une vingtaine de pavillons fort élégamment construits sur les plans de l'architecte Krizenicky. Elle ne comprenait, en principe, que des produits industriels. Les œuvres d'art proprement dit étaient exclues, sauf celles qui étaient destinées à l'ornementation des voies publiques, par exemple la belle statue de saint Vacslav, le patron national, œuvre du sculpteur Myslbek, et les projets des monuments consacrés à Jean Huss et à l'historien Palacky, ce dernier, œuvre de Sucharda, un émule tchèque de Rodin.

En ma qualité d'historien, deux pavillons m'ont particulièrement intéressé : celui de la ville de Prague et celui des villes tchèques, où étaient groupés non seulement tous les documents relatifs aux constructions, à la voirie, à l'hygiène, à la statistique, mais aussi à l'histoire et à l'art ; paysages urbains, vues et reproductions de vieux monuments, albums et livres illustrés. Dans la bibliothèque des *Bohemica*, au pavillon de Prague, j'ai retrouvé avec une certaine émotion un volume que j'avais publié de concert avec un émigré tchèque en 1867 et qui, dans ces temps lointains, a encouru les rigueurs de la justice autrichienne. Il était intitulé *la Bohême historique, pittoresque et littéraire.* Un autre pavillon, où je me suis attardé avec une complaisance particulière, c'est celui des arts graphiques où j'ai retrouvé l'image et les œuvres de tant de mes amis. On ne peut pas se figurer chez nous de quelle vie intensive vit la Bohême artistique et intellectuelle. Je ne puis, on le comprend, insister ici sur des faits qui mériteraient une étude spéciale et fort détaillée. Je ne citerai qu'un seul exemple : un éditeur de Prague, le libraire Otto, a réussi à publier en moins de vingt ans une Encyclopédie tchèque qui ne comprend pas moins de vingt-neuf volumes et qui peut rivaliser avec les plus belles œuvres similaires de la France et de l'Allemagne.

Parmi tous ces pavillons, uniquement réservés à

l'industrie de la Bohême, un seul appartenait à la France. C'était un restaurant où les vins généreux et la cuisine de notre pays ont, plus d'une fois, donné lieu à des échanges de cordiale sympathie entre les hôtes tchèques et les visiteurs français.

C'est dans ce restaurant et dans leur pavillon municipal que les représentants de Prague ont eu la délicate attention de fêter les représentants de la ville de Paris, qu'ils avaient officiellement invités à venir visiter les merveilles de leur Exposition et les progrès de leur cité.

LE CONSEIL MUNICIPAL DE PARIS A PRAGUE

Il y aura bientôt un demi-siècle que j'ai rencontré à Paris, pour la première fois, une victime de la révolution de 1848, l'émigré tchèque Joseph Fricz, poète, agitateur, publiciste ; il faisait de son mieux pour appeler l'attention des Français sur ses compatriotes et leur faire comprendre que sa patrie n'était habitée ni par des Allemands, ni par des Tsiganes. Il n'y réussissait guère.

Il dort aujourd'hui dans ce petit cimetière du Visehrad, qui domine la cité si chère à son cœur. De quelle joie intensive ce cœur se serait dilaté s'il avait pu prévoir qu'un jour viendrait où ses compatriotes seraient pour nous des amis, où les représentants officiels des deux capitales échangeraient sur les bords de la Seine et de la Vltava des embrassements fraternels.

Les relations entre les deux capitales se sont multipliées depuis une dizaine d'années. La ville de Prague en a pris l'initiative et elle a trouvé chez nous une sympathie égale à celle qu'elle nous apportait. En 1900, à l'occasion de notre Exposition universelle, la municipalité pragoise rendit visite à celle de Paris. Elle apportait dans un coffret artistique un magnifique album qui est exposé aujourd'hui au Musée Carnavalet.

En 1901, à l'occasion d'une fête de gymnastique célébrée par les Sokols de Prague, les gymnastes français allèrent fraterniser avec leurs camarades de Bohême et le conseil municipal de Paris répondit à une invitation du conseil municipal de Prague par l'envoi d'une délégation officielle qui fut accueillie avec un enthousiasme indicible. Dans toutes les gares des villes tchèques où passait le train qui portait les Parisiens, la population s'était réunie pour acclamer les Français. Désormais il y avait partie liée entre les deux capitales qui renouvelaient les relations contractées naguère au quatorzième siècle, alors que l'héritier du trône de Bohême était élevé en France, que le roi Jean l'Aveugle venait mourir pour la France sur le champ de bataille de Crécy, et que son fils Charles IV introduisait le style français dans l'art de son pays et fondait l'Université de Prague sur le modèle de celle de Paris.

Lorsque, dans le courant de l'année 1902, la France célébra le centenaire de la naissance de Victor Hugo, la ville de Prague envoya pour la représenter à la cérémonie du Panthéon une députation conduite par son maire, M. le docteur Srb, dont la belle prestance et le nom exotique (1) devinrent bientôt populaires. A ce moment, deux savants français, le regretté Jules Lair, membre de l'Académie des Inscriptions, et l'auteur de cette étude, avaient eu l'idée d'ouvrir une souscription internationale pour restaurer la vieille croix du champ de bataille de Crécy et pour ériger même un monument commémoratif en l'honneur du seul roi qui soit mort pour la France.

L'idée fut accueillie avec enthousiasme en France, en Bohême et dans le Luxembourg. La municipalité de Prague offrit une souscription de mille couronnes. Un certain nombre de corporations se joignirent à elle. Le grand duché de Luxembourg, qui aime la France, apporta un concours généreux à cette œuvre de piété internationale. Son gouvernement se fit représenter officiellement à la cérémonie d'inauguration qui eut lieu le 1er octobre 1905. La Bohême envoya alors le député Hérold, président de ce Conseil national dont j'ai parlé plus haut, et une délégation de la municipalité conduite par le maire, M. Srb, et l'un des deux adjoints, M. Stych. M. le docteur Srb prit la parole en excellent français devant le monument élevé en l'honneur de ce roi dont le cri de guerre, dans la fatale journée, avait été précisément le nom de *Prague*. Il remercia en termes émus ceux qu'il appelait les chers alliés d'autrefois, les chers amis d'aujourd'hui et se plut à évoquer le souvenir des anciennes relations des deux pays.

(1) Srb (prononcez Seurb) veut dire *Serbe*. Ce nom est celui des Slaves de Lusace. Nous le retrouvons dans les anciennes chroniques sous la forme *Sorabe*.

Il exprima les cordiales sympathies de la capitale de la Bohême pour ce bourg de Crécy qui avait tenu à offrir à ses hôtes une splendide et cordiale hospitalité et il offrit des médailles d'or et d'argent aux initiateurs de la souscription. La délégation du grand duché du Luxembourg avait apporté les décorations conférées par son souverain; mais le royaume de Bohême, que l'on s'efforce de rabaisser au rang d'une province, n'a point d'ordre national, et c'est la munificence de la capitale qui supplée à cette lacune.

La municipalité de Paris avait tenu elle aussi à être de la souscription et de la fête. Le vice-président de son conseil municipal, M. Rebelliard, trouva des accents chaleureux pour remercier la ville de Crécy et pour proclamer que la ville de Paris avait entendu, non seulement rendre hommage à un souverain valeureux, mais encore resserrer les liens qui nous rapprochent de ceux qui, aux siècles lointains, furent des frères d'armes et combattirent sous nos étendards. « Cette cérémonie, ajoutait-il, est l'évocation du passé. Elle est aussi une espérance pour l'avenir. Elle constitue pour nos grandes cités un gage d'inaltérable amitié... Puissent ces liens être indissolubles. Tel est le vœu que je forme au pied de ce monument... »

En quittant Crécy, la députation de Prague se rendit à Abbeville, la cité où le roi Jean avait passé la dernière nuit de sa vie héroïque, et reçut dans la maison municipale un affectueux accueil qu'elle n'a point oublié.

En 1907, la municipalité de Prague invitait à son tour la ville de Paris à se faire représenter aux grandes fêtes internationales de gymnastique organisées par les Sokols et où nos gymnastes devaient également figurer. J'eus occasion de voir, avant son départ, l'un des vice-présidents de notre Conseil et de le prévenir des ovations qui l'attendaient, ainsi que ses collègues. A son retour, il m'avoua que l'accueil des Tchèques avait surpassé tout ce qu'il avait pu imaginer. De la frontière de Bohême jusqu'à l'arrivée en gare de Prague, ce n'avait été qu'une série ininterrompue d'acclamations enthousiastes. Je sais pour l'avoir éprouvé par moi-même quelle est la chaleur de cœur de nos amis tchèques. J'ai eu l'honneur d'être l'hôte officiel de la ville de Prague et de la ville de Hradec-Králové et le souvenir de toutes les prévenances amicales, de tous les enthousiasmes qui m'ont accueilli ne s'effacera jamais de ma mémoire.

Au mois de septembre 1908, je suis, sans m'en être douté, tombé en plein, à Prague, au milieu des fêtes offertes à nos compatriotes par la municipalité, et bien que je n'eusse aucun titre officiel à y être invité, il m'était impossible de m'y dérober. Je me suis même trouvé être l'hôte de la ville de Paris, au banquet offert par ses délégués à nos excellents amis. J'ai eu la joie de voir réalisé l'un des rêves favoris de ma jeunesse. Je n'insisterai pas sur le détail des fêtes qui furent données en l'honneur de nos délégués : la municipalité de Paris leur a consacré une publication spéciale (1).

(1) *Relation officielle du voyage et des réceptions du bureau du Conseil municipal de Paris à Prague.* (In-4°, Imprimerie nationale, 1909.)

Ah ! si les Tchèques étaient les seuls maîtres dans le royaume et si, grâce à une application loyale et absolue du suffrage universel, les Slaves jouaient dans une Autriche résolument fédérative le rôle qu'ils devraient y jouer, ils seraient vraiment pour nous alors non pas seulement des amis, mais des *alliés* !...

Notre premier ministre, M. Clemenceau, faisait tous les ans une cure à Carslbad. A-t-il remarqué que les agents de police de cette cité hospitalière sor coiffés du casque à pointe comme pour donner déjà à leurs hôtes un avant-goût de l'Allemagne prussienne?

L'autre jour, à la Diète de Bohême, les députés de la minorité allemande sont arrivés avec l'idée bien arrêtée de faire de l'obstruction. Et savez-vous ce qu'ils ont imaginé de chanter? La *Wacht am Rein*, c'est-à-dire le chant national de la Grande Allemagne, chant particulièrement dirigé contre nous. Qu'auraient-ils eu à répliquer si les Tchèques leur avaient répondu par les accents de l'*Hymne russe* ou de la *Marseillaise* ?

APPENDICE

Le monument de Jean de Luxembourg à Crécy (1)

Le dimanche 1ᵉʳ octobre 1905, un peu avant onze heures, la gare d'Abbeville présentait une animation extraordinaire. L'express de Paris venait en effet de s'arrêter et, du wagon-salon mis à leur disposition par la Compagnie du Nord, descendaient successivement les hautes personnalités que la Commune de Crécy avait conviées à l'inauguration du monument de Jean de Luxembourg, roi de Bohême.

Il y avait là les délégués de l'Institut de France, MM. Louis Leger, Jules Lair, Émile Picot et Joret ; MM. Daragon, conseiller de préfecture, et Nadaud, chef de cabinet de M. le préfet de la Somme ; E. Re-

(1) Extrait du *Pilote de la Somme*, octobre 1905.

beillard, vice-président, et César Caire, membre du Conseil municipal de Paris ; Durand, archiviste départemental, ancien président de la Société des Antiquaires de Picardie ; A. Milvoy, architecte du monument ; le docteur Srb, maire de Prague, le docteur Stych et Rasin, membres du Conseil municipal de Prague ; Hérold, député à la Diète et au Parlement, président du Conseil national de Bohême ; Emmanuel Cenkov, secrétaire du Conseil municipal de Prague ; Vannerus, chargé d'affaires du Luxembourg à Paris ; Bastin, consul, Mersch, vice-consul du Luxembourg ; Munchen, bourgmestre et député, Luc Hosse, député et échevin, Brasseur, député et conseiller communal, Gredt, Walens, Heintz, conseillers communaux de la ville de Luxembourg ; M. B. Peiffer, président de la Société « La Luxembourgeoise », de Paris.

M. Coache, député d'Abbeville, les reçoit sur le quai, au nom du Conseil municipal de Crécy, dont il est membre. Puis les présentations sont faites par M. Louis Leger, de l'Institut, président du Comité central de Paris pour l'érection du monument.

C'est maintenant le train de la Société des chemins de fer économiques, composé de voitures de luxe, qui va conduire les voyageurs jusqu'à Crécy-la-Bataille. Du reste, d'autres invités sont venus se joindre à eux : ce sont MM. le colonel Hugé, délégué du ministre la Guerre ; Horteur, sous-préfet d'Abbeville ; Froment, sénateur ; Gellé, député ; Bignon, maire d'Abbeville ; Gossellin, conseiller général ; Padieu, conseiller d'arrondissement ; Vayson, président du comité abbevillois pour l'érection du monument; de Clermont-Tonnerre, P. de Wailly, Lennel de la Farelle, Anty, le docteur Legée, H. Macqueron, membres de la Société d'Émulation d'Abbeville; Demorlaine, inspecteur des eaux et forêts; Magnier, capitaine de gendarmerie ; Patin, principal du Collège; E. Fontaine, statuaire, auteur du médaillon de Jean de Luxembourg. En outre, l'Harmonie municipale d'Abbeville prend place dans une voiture qui lui a été réservée.

On part et, allégé des arrêts habituels, le train parcourt en moins de quarante-cinq minutes la distance qui le sépare de Crécy.

L'Arrivée.

L'arrivée est un véritable triomphe ; une foule considérable est massée aux abords de la gare, coquettement décorée de drapeaux. La musique de Crécy joue la *Marseillaise*, des acclamations retentissent, des bombes éclatent qui s'efforcent, semble-t-il, de rappeler les détonations des légendaires canons de la bataille.

M. Lecomte, maire, s'avance, suivi du Conseil municipal et des fonctionnaires: il salue les hôtes du bourg de Crécy. Puis le cortège se forme. Avec l'Harmonie d'Abbeville et la musique de Crécy en tête, il s'engage dans la longue avenue qui conduit au centre du chef-lieu de canton, précédé de la Compagnie des Sapeurs-Pompiers commandée par M. le capitaine H. Facquer et de la 1957e section des Vétérans avec son drapeau.

Des étendards aux couleurs de la France, de la Bohême et du Luxembourg flottent partout ; on passe sous des arcs de triomphe dont l'élégante ornementation fait le plus grand honneur au bon goût de M. Gence, architecte de la ville d'Abbeville. Une nuée de photographes a envahi les rues et les maisons ; et, de quelque côté qu'on tourne les yeux, on ne voit que des appareils braqués dans toutes les directions.

Le Banquet.

Mais voici le Casino, où un banquet de cent vingt-trois couverts attend les invités de la municipalité. La salle, toute fraîchement restaurée, offre un coup d'œil charmant ; les convives prennent place autour des tables sur lesquelles sont disposées avec art des corbeilles de fleurs et de fruits du plus heureux effet. Un joli menu, orné du médaillon de Jean de Luxembourg est placé avec un programme de la fête auprès de chaque convive.

M. Leger se lève alors et annonce qu'il a reçu de Bohême et de Moravie, de nombreuses dépêches en langue tchèque, qui toutes témoignent de l'ardente sympathie et de l'affectueuse reconnaissance des populations de ces pays pour la France. Aussi, cette réunion est-elle moins une cérémonie officielle qu'une fête de famille où se retrouvent les descendants de ceux qui ont combattu côte à côte en 1346. Voilà pourquoi, dit l'orateur, nous n'avons pas voulu apporter à ce banquet familial les formes du protocole, laissant à chacun le soin de se placer à sa guise, sans préoccupation de l'étiquette.

Le voyage ayant aiguisé l'appétit, on se hâte de faire honneur au succulent déjeuner parfaitement servi par M. Loiseau, d'Abbeville.

Les Toasts.

A l'heure des toasts, M. Lecomte, maire de Crécy, s'exprime en ces termes :

Toast de M. Lecomte.

MESSIEURS,

Au nom du bourg de Crécy et de son Conseil municipal, j'ai le grand honneur de souhaiter la bienvenue à nos hôtes et de leur exprimer combien nous sommes heureux et flattés de les recevoir.

La caractéristique de notre réunion doit être la cordialité. Si, par surcroît, elle revêt un certain éclat, nous le devons à M. Bignon, conseiller général, maire d'Abbeville, qui nous a si gracieusement permis de puiser dans le riche matériel des fêtes du chef-lieu d'arrondissement, et à notre collègue du Conseil municipal, M. Coache, député, conseiller général de Crécy, qui a collaboré à l'organisation de la cérémonie avec une activité et un dévouement dont nous lui sommes reconnaissants.

Nous célébrons aujourd'hui, messieurs, la fête du souvenir. Nous honorons la mémoire d'un grand ami de la France, mort pour elle dans les plaines de Crécy. Nous resserrons entre la Bohême, le Luxembourg et notre pays les liens d'une sympathie dont la force a défié les siècles. Cette fête pourrait donc s'intituler aussi la fête du patriotisme et de la fraternité.

Messieurs, je lève mon verre en l'honneur de M. le Colonel, délégué du ministre de la Guerre, de M. Louis Leger, membre de l'Institut et de ses collègues, — en l'honneur des représentants du Gouvernement Grand-Ducal de Luxembourg, du Conseil national de Bohême, de la capitale royale de Prague, de la ville de Luxembourg et de la ville de Paris.

Des applaudissements unanimes répondent aux cordiales paroles de M. le Maire ; puis M. Coache, député d'Abbeville, porte le toast suivant.

Toast de M. Coache.

Je suis très touché et confus des paroles que m'a adressées, tout à l'heure, M. le Maire de Crécy, mais je pardonne d'autant plus aisément à son amitié l'excès de sa louange que le bonheur dispose à toutes les indulgences.

Or, je suis heureux, Messieurs, heureux de la joie de mes concitoyens, unis dans un élan unanime de respectueuse cordialité pour assurer aux hautes personnalités, qui nous honorent de leur visite, une réception aussi brillante qu'il était en notre pouvoir de la leur préparer, et, que nous eussions souhaitée plus digne encore de l'Institut de France, de la Ville de Paris et des Peuples amis que nous fêtons aujourd'hui dans la personne de leurs éminents représentants.

Au salut de bienvenue qu'à mon tour j'adresse à nos hôtes, permettez-moi de joindre un hommage auquel je vous demande de vous associer.

En ma qualité de Député de la 1re circonscription d'Abbeville, j'ai l'honneur de porter la santé de M. le ministre de la Guerre, du président d'honneur de notre fête, de M. Maurice Berteaux qui, récemment, prononçait ces belles et nobles paroles :

Le devoir patriotique, disait-il, est un. Il a existé dans le passé, il existe dans le présent et il existera dans l'avenir... Quand on est citoyen français, ce devoir est facile à remplir puisqu'en défendant l'indépendance de son pays, on défend en même temps la cause du Droit et de la Justice !

A M. le ministre de la Guerre, président d'honneur de la Fête de Crécy !

Cette vibrante allocution, ainsi que le toast à M. le ministre de la Guerre, sont salués par de sympathiques acclamations.

M. Munchen, bourgmestre de Luxembourg, succède à M. Coache,

Toast de M. Munchen.

Messieurs,

Au nom de la Municipalité de la ville de Luxembourg, j'ai l'honneur de remercier MM. les président et vice-président du Comité, ainsi que M. le Maire de Crécy et toutes les personnes qui nous ont conviés à cette belle cérémonie d'inauguration du monument érigé à la mémoire de notre valeureux comte de Luxembourg, roi de Bohême, Jean l'Aveugle, mort héroïquement sur le champ de bataille de Crécy en combattant pour la France.

L'honneur que l'on fait à la mémoire de notre glorieux souverain rejaillit sur la Bohême, sur le Luxembourg.

Nous sommes heureux d'assister à cette fête organisée pour glorifier un des plus illustres héros de notre histoire.

Cela nous donne l'occasion de vous assurer que les sentiments de sympathie, d'estime des Luxembourgeois pour la France sont de tradition, nous ont été transmis de siècle en siècle, et sont encore aujourd'hui aussi vivaces qu'au temps où notre noble roi Jean a versé son sang pour la nation amie.

En considérant la sympathie avec laquelle les Luxembourgeois sont accueillis en France, je me suis demandé la cause de cette affection, la cause de cette sympathie réciproque. Eh bien ! cette cause, je la trouve surtout dans une longue union politique, je la trouve encore dans une similitude de race, dans une similitude de caractère.

En traversant les siècles, nous voyons, Messieurs, que Français et Luxembourgeois ont souvent été unis, — que Français et Luxembourgeois ont souvent partagé la même destinée.

Le fait où le sang français a été mêlé au sang luxembourgeois sur le champ de bataille n'est pas un fait isolé dans l'histoire. Je ne citerai comme exemple que la dernière époque de notre union avec la France, époque où le Luxembourg était englobé dans la France sous le nom de « Département des Forêts ». Nous voyons alors nos grands-parents français et luxembourgeois combattre ensemble, côte à côte, verser leur sang pour arroser les lauriers conquis par Napoléon 1er.

Depuis lors, le Luxembourg a été séparé de ses anciens frères. Le petit Grand-Duché de Luxembourg est aujourd'hui un pays libre, neutre, indépendant ; il désire le rester ; il est heureux et suit une destinée spéciale. Mais il considère toujours la France comme sa meilleure amie, le Français comme son frère politique.

Nous n'avons plus, comme jadis, des armées à mettre à la disposition des nations amies ; nos guerriers n'accourront plus sur les champs de bataille, mais ce que nous pouvons vous assurer, c'est qu'il existe à votre extrême frontière Est un petit pays, qui ne touche plus à la France que par une frontière de quelques kilomètres, un petit peuple de deux cent cinquante mille habitants dont le cœur bat à l'unisson de celui de la France.

Nous n'oublions pas que la France est une des puissances signataires du traité qui garantit notre neutralité, et nous avons confiance en ces puissances.

Nous n'oublions pas que la France accorde généreusement l'hospitalité à plus de trente mille Luxembourgeois qui gagnent leur vie dans leur nouvelle patrie adoptive, au milieu d'une population sympathique.

Aussi, Messieurs, je lève mon verre pour boire à la France·

Nous serons heureux de nous découvrir tantôt devant le monument pour prononcer les mots, si chers aux Luxembourgeois, et que certainement notre noble roi Jean avait sur les lèvres en expirant ici sur le champ de bataille ; ces mots sont :

Vive la France !

Un tonnerre d'applaudissements souligne ces dernières paroles et M. Munchen est vivement acclamé.

M. le docteur Srb se lève ensuite.

Toast de M. le docteur Srb.

M. Srb, maire de Prague, qui parle très correctement le français, porte un toast à la Bohême et à la France, à ces deux peuples qui sont destinés à s'aimer dans l'avenir comme dans le passé. Il boit à l'union proclamée il y a cinq siècles par l'histoire; il boit à la ville de Crécy, à tous les amis de son pays, à la France, et il termine par le cri national tchèque « Nazdar ! » que toute la salle répète après lui avec enthousiasme.

M. Lair, de l'Institut, prononce l'allocution suivante.

Toast de M. Lair.

MESSIEURS,

Je ne veux pas laisser clore la série des toasts sans en porter un à M. le maire de Crécy et à ses collègues du Conseil municipal. Je tiens à les remercier de l'accueil que j'ai reçu d'eux et de la concession qu'ils ont bien voulu nous faire du plus beau terrain dont ils disposaient pour élever un monument à la mémoire de Jean de Luxembourg et des Français morts pour la France, le 26 août 1346.

Nous aurions été plus contents si nous avions réclamé leur concours pour un souvenir de victoire. On ne peut, hélas ! rien changer à l'histoire. La journée du 26 août a été une défaite. Il faut la prendre comme telle et en tirer une leçon.

C'est un axiome admis par les militaires de tous les temps que, malgré l'amertume et la gravité des défaites, rien n'est définitivement perdu pour une nation quand l'honneur est sauf. Or, à Crécy, si la tactique fut déplorable, la valeur française se montra digne du plus grand éloge. Pendant trois heures, les Français se lancèrent à l'assaut du retranchement anglais ; quand leurs chevaux furent tués, ils marchèrent à pied et, le soir venu, trente mille hommes avaient préféré la mort à la fuite ou même à la retraite. Le lendemain, quand on releva leurs cadavres, on constata que tous avaient été frappés face à l'ennemi.

Habitants de Crécy, vous pouvez regarder non seulement sans honte, mais avec fierté, le champ où se livra cette bataille et le monument que nous vous remettons aujourd'hui.

La France de ce temps-là fut digne de ses défenseurs malheureux ; elle soutint la lutte et, définitivement, les Anglais perdirent les provinces qu'ils possédaient chez nous sauf Calais ; et Calais, à son tour, reprit sa nationalité.

N'oublions donc pas qu'un grand pays comme le nôtre ne doit jamais abdiquer, ne doit jamais perdre l'espérance.

Le banquet est terminé.

La visite à la « Croix de Bohême ».

A présent, c'est la visite à la Croix de Bohême, sur le territoire d'Estrées-lès-Crécy, où la plupart des invités se rendent en voiture. Là, des discours sont encore prononcés par M. Vayson, président du comité d'Abbeville ; M. V. Plé, maire d'Estrées, et M. Charles Normand, qui parle au nom des « Amis des Monuments ».

Nous nous faisons un plaisir de reproduire les principaux passages des discours très goûtés de MM. Vayson et Plé.

Discours de M. Vayson.

MESSIEURS,

Au nom du Comité d'Abbeville, j'adresse d'abord un vif remerciement aux ouvriers de la première heure, à ceux qui répondirent au premier appel et dont l'encouragement aida puissamment, avec le concours de tous, à l'édification rapide du petit monument d'Estrées.

Je dois dire quelques mots sur l'origine du monument que nous entourons en ce moment, car ce n'est pas un monument banal, ce n'est pas une tombe, il ne rappelle pas une victoire, mais il est le symbole du courage, de l'abnégation, du sacrifice, du dévouement et de l'amour du pays.

C'est cet ensemble de vertus, dont il est le témoignage, que nous honorons.

Alors que les Anglais, descendus sur le sol de notre patrie dévastaient nos provinces, les forces du roi Philippe VI étaient dans le Midi, les moyens de communication étaient lents, et, dans sa hâte, le roi appela à sa défense ses fidèles du Nord et de l'Ouest.

Les dévastations de l'Anglais étaient telles et les misères qu'il causait si grandes qu'on répondit avec entrain à l'appel du souverain, et Jean l'Aveugle, comte de Luxembourg, son ami, son parent, son vassal, ne fut pas des derniers à y répondre.

Car il aimait la France, la « doulce France », comme disait la malheureuse Marie Stuart, en la quittant.

Jean, bien qu'aveugle, se trouvait donc à la bataille de Crécy ; et comme les chevaliers qui l'accompagnaient l'engageaient à se retirer du danger, il répondit : *A Dieu ne plaise qu'un roi de Bohême s'enfuie du champ de bataille ; je vaincrai en héros ou je mourrai en roi, mais veillez bien sur mon fils.*

Ces fières paroles, vous les retrouverez gravées sur la base du monument.

Jean et ses compagnons allaient à la mort.

Vous le voyez, Messieurs, ce ne sont pas seulement les actes de courage que nous glorifions ici, mais la vertu, le dévouement, le sacrifice volontaire.

Jean de Luxembourg, le héros ensanglanté et frappé à mort, roule sur le sol ; et à l'endroit où il tombe, on dresse une croix en pierre brute. Depuis plus de cinq siècles, elle résiste à tous les orages, à toutes les destructions et reste la preuve ineffaçable du dévouement du héros.

Enfin, les siècles passent, le temps fait son œuvre, et un jour, le monolithe tombe de son piédestal.

Il est à terre, mais le laboureur le respecte et, profondément ému au souvenir qu'il rappelle, il en éloigne avec soin sa charrue.

Évoquons ici la mémoire d'un honorable citoyen, M. le docteur Boucher qui, ne voulant pas laisser perdre ce souvenir, fit relever la pierre et la fit sceller à nouveau sur sa base.

Honorons l'acte de M. Boucher, car c'est un feuillet de l'histoire du pays sauvé de l'oubli. C'est grâce à son patriotisme que la vieille croix a pu rayonner encore, rappelant aux passants un dévouement séculaire.

Aujourd'hui, fidèles à ces enseignements, nous venons honorer ces souvenirs et leur donner une nouvelle garantie de durée.

Mais nous avons à remplir un devoir, c'est de remercier les concours nombreux qui nous ont aidés.

M. Léger, membre de l'Institut, qui, dans ses promenades de vacances, avait vu l'état de la vieille croix, émit la pensée de la protéger contre des dégradations ultérieures.

C'était là l'idée première, mais bien des choses restaient à faire avant d'arriver à l'exécution du projet.

Deux membres de l'Institut étaient venus de Paris pour examiner le terrain sur lequel on pouvait établir le piédestal, avant de faire appel aux artistes pour présenter un projet.

L'écho des paroles prononcées sous la coupole était parvenu à la Société d'Émulation d'Abbeville, et un comité fut nommé, composé en grande partie de membres de la Société.

M. Plé, maire d'Estrées-lès-Crécy, et le Conseil municipal se montrèrent en tous points favorables et disposés à nous aider dans nos recherches d'emplacement. On nous désigna le « chemin de l'armée » où nous nous trouvons en ce moment, et qui est contigu à l'endroit où Jean de Bohême fut frappé.

Merci donc au Conseil municipal de la commune d'Estrées qui, par une délibération des plus flatteuses, encouragea nos efforts afin d'assurer notre réussite.

Merci à M. Dobremer, adjoint, qui s'empressa de nous faciliter l'enlèvement de la vieille croix pour la placer sur son nouveau piédestal.

Et, merci encore à celui qui, dès le premier moment, s'occupant des nombreux détails, fut notre précieux collaborateur, toujours prêt à nous aider de ses conseils et de son activité, j'ai nommé M. l'abbé Armand, curé d'Estrées.

Merci enfin à notre sympathique collègue, M. Milvoy, ancien président de la Société des Antiquaires de Picardie, qui mit à notre service son talent si sûr d'architecte et d'archéologue.

. . . .

Que, reposant sur une base désormais inébranlable, la vieille Croix de Bohême, plus de cinq fois séculaire, continue à dominer la plaine et indique à jamais que la France a le culte du souvenir et que les habitants d'Estrées restent fidèles à la mémoire des défenseurs du pays.

Une plaque de plomb a été placée au milieu des premières assises de pierres ; les noms de ceux qui ont aidé à cette œuvre y sont rappelés, et si, dans les âges futurs, cette plaque est retrouvée, on pourra dire : Honneur à la commune d'Estrées, qui a conservé la mémoire d'un héros !

Lorsque nous passerons devant cette vieille et vénérable croix, inclinons-nous devant les vertus qu'elle rappelle et élevons nos cœurs devant les vicissitudes de la Patrie.

Messieurs, la tâche du comité d'Abbeville est achevée. Nous avons traduit d'une façon impérissable le sentiment de tous ceux qui s'honorent et se souviennent des secours et du dévouement donnés à la France sur le sol d'Estrées, où se sont passés ces grands événements, début d'une lutte terrible ne finissant qu'après un siècle sous l'influence de notre héroïne française, Jeanne d'Arc.

Monsieur le maire d'Estrées-lès-Crécy, le monument vous est remis et la garde vous en est confiée.

Nous sommes certains que les habitants d'Estrées, dans leur patriotisme, seront fiers de cette mission et de ce témoignage qui honorent le pays dans ses grandes idées de courage, d'abnégation et de patriotisme.

M. Vayson lit ensuite une poésie patriotique, et M. V. Plé, le sympathique maire d'Estrées-lès-Crécy, prononce les paroles suivantes.

Discours de M. V. Plé.

MESSIEURS,

C'est pour le représentant de la commune d'Estrées-lès-Crécy un grand honneur de recevoir — au pied du monument qui nous rappelle l'endroit où a été frappé mortellement l'héroïque et chevaleresque Jean de Luxembourg, roi de Bohême — les délégations de Bohême et de Luxembourg, ainsi que les comités qui ont assumé la tâche de restaurer cette croix.

Les fêtes d'aujourd'hui prouvent que notre vieille Picardie n'oublie pas ceux qui, comme le roi Jean, vinrent mettre leur épée au service de notre pays et verser leur sang pour lui.

. . . .

Je ne voudrais pas, Messieurs, retarder l'heure que les Crécéens attendent avec impatience, aussi me bornerai-je à remercier, au nom du Conseil municipal d'Estrées, M. le délégué du ministre de la Guerre, M. le représentant du Préfet de la Somme, MM. les membres du Parlement et du Conseil municipal de Paris, qui ont bien voulu honorer de leur présence cette petite cérémonie.

Je remercie également le promoteur de la restauration de ce monument, Monsieur Leger, le distingué savant, président du Comité de Paris, qui n'a marchandé ni son temps ni son labeur pour mener à bonne fin cette œuvre éminemment patriotique, et M. Vayson, l'infatigable président du Comité d'Abbeville, qui a si heureusement secondé le Comité de Paris.

Au nom de la commune d'Estrées-lès-Crécy, j'accepte la

responsabilité de la conservation de ce monument historique, qui nous rendra toujours vivace le souvenir du dévouement de Jean l'Aveugle pour notre patrie.

Il me reste, Messieurs, un bien agréable devoir à remplir, celui de remercier MM. les délégués tchèques et luxembourgeois qui nous ont honorés de leur visite, et qui peuvent être convaincus que nos cœurs battent à l'unisson des leurs, car nous n'oublions pas que leurs patries ont, de tous temps, témoigné à la France une profonde sympathie. Je salue, MM. les délégués, vos couleurs nationales.

Honneur à la ville de Prague ! Honneur à la ville de Luxembourg !

Vive la Bohême ! Vive le Luxembourg !

La cérémonie de la « Croix de Bohême » est close par un discours de M. Ch. Normand, au nom de la « Société des Amis des Monuments », dont il est le président, puis on revient sur la place de Crécy pour la remise solennelle du monument.

La Cérémonie d'Inauguration.

Il est trois heures et demie. Sur une estrade élégamment décorée ont été disposées une centaine de chaises ; M. le Maire de Crécy et ses invités y prennent place et, après la *Marseillaise* exécutée par l'Harmonie d'Abbeville, sous la direction de M. Brault, la cérémonie commence, tandis que les gardes forestiers et les sapeurs-pompiers se multiplient pour assurer le service d'ordre.

M. Leger prend le premier la parole ; il remet à la commune de Crécy, au nom du Comité dont il est le président, le monument de Jean de Bohême, dont les auteurs sont MM. Emmanuel Fontaine, sculpteur abbevillois, et Milvoy, architecte à Amiens. C'est une pyramide en pierre blanche, surmontée d'une sorte de chapiteau de style roman, et dans le soubassement de laquelle s'encastre un grand médaillon de bronze représentant le roi Jean à cheval, d'après un vieux sceau. Le monument se détache sur un décor de feuillage habilement dressé par le service des Eaux et Forêts sous la direction de M. Demorlaine, inspecteur. Sur un geste de M. Leger, on enlève rapidement la draperie tricolore qui masque le médaillon de Jean de Bohême, et le distingué membre de l'Institut s'exprime ainsi.

Discours de M. Leger.

Monsieur le Colonel, délégué du ministre de la Guerre,
Monsieur le Chargé d'Affaires de Luxembourg,
Messieurs les Représentants des municipalités de Prague, de Luxembourg et de Paris,
Mes chers Compatriotes,

Les dettes d'honneur sont de celles qui ne se prescrivent jamais ; il n'est jamais trop tard pour les acquitter. Il y a plus de cinq siècles et demi, la vallée de la Maye a vu se dérouler un des drames les plus douloureux et les plus héroïques de notre histoire : nos pères ont succombé, mais, dans leur défaite, ils ont eu la consolation de penser qu'ils avaient, en dehors de la France, des amis dont le dévouement savait s'élever jusqu'aux formes les plus sublimes de l'héroïsme. La mort de Jean de Luxembourg, roi de Bohê-

me, si bien racontée par notre Froissart, reste un des épisodes les plus glorieux de l'histoire. Quel fragment d'épopée
elle aurait pu fournir à l'auteur de la *Légende des Siècles*
si les hasards d'une lecture ou d'un voyage avaient appelé
sur elle l'attention de Victor Hugo.

En rendant hommage au seul roi qui soit mort pour la
France, nous n'acquittons pas seulement une dette nationale de reconnaissance, nous donnons aussi un témoignage
de sympathie à deux pays, à la Bohême et au Luxembourg,
qui, dans des épreuves plus récentes et dont les blessures
saignent encore, nous ont témoigné une fraternelle affection.

J'étais l'un des combattants du siège de Paris ; j'ai rencontré des Tchèques et des Luxembourgeois dans les rangs
de nos francs-tireurs et de nos mobilisés. Ils ne s'inquiétaient
pas de savoir si leur conduite était ou non conforme aux
exigences de la diplomatie, aux lois strictes du droit international. Ils ne savaient qu'une chose, c'est qu'ils aimaient
la France et qu'à l'exemple de celui dont nous honorons
aujourd'hui la mémoire, ils étaient prêts à donner leur vie
pour elle.

Des médecins luxembourgeois s'étaient enfermés dans
Metz pour soigner nos blessés et supportèrent avec autant
d'héroïsme que nos soldats les périls et les privations du
siège. Pendant la période d'épreuve dont ils subissent encore aujourd'hui les conséquences, nos chers compatriotes
lorrains trouvèrent chez leurs voisins luxembourgeois, les
soins les plus affectueux, la plus fraternelle hospitalité.

Au lendemain de l'armistice, mes devoirs de publiciste
m'appelèrent à résider dans cette ville de Prague où vit encore le souvenir de la Maison de Luxembourg et où bat le
cœur de la généreuse Bohême. J'ai raconté dans un livre
récent (1) quel chaleureux accueil nos soldats, échappés
des geôles d'Allemagne, avaient trouvé dans ce pays de

---

(1) *Souvenirs d'un Slavophile* (Paris, Hachette, 1905), pp. 74-80.

Bohême, dont quelques-uns ne savaient pas même le nom, où on les recevait au chant de la *Marseillaise*, où on les comblait de soins affectueux, où des bienfaiteurs anonymes garnissaient leur poche vide et leur fournissaient les moyens de regagner leur patrie.

Grâce à un ancien texte tchèque, dont j'ai donné récemment la traduction (1), nous savons aujourd'hui quel était le cri de guerre du roi Jean sur le champ de bataille de Crécy. Ce cri était *Prague*, le nom de cette ville hospitalière que tant de liens rattachent à la France et qui nous a donné tant de témoignages d'amitié, le nom de cette ville, qui, au moyen âge, jouait dans l'Europe centrale un rôle analogue à celui de Paris en Occident, qui eut pour reine une princesse du sang de France, qui doit à un artiste français, l'architecte Mathias d'Arras, l'un de ses plus beaux monuments.

La municipalité de Prague qui aime tant la France, qui a contribué pour une part importante à notre souscription internationale, a voulu que son nom, qui retentissait naguère sur ce champ de bataille, fût encore prononcé dans cette pacifique solennité. Elle a délégué pour la représenter ici l'homme éminent qui préside à son administration municipale, son maire, M. le docteur Srb, ce grand ami de notre pays, qui naguère, au nom de la nation bohémienne, était venue célébrer avec nous à Paris le centenaire de Victor Hugo.

Le Luxembourg, lui aussi, a tenu à rendre hommage au prince qui a laissé un si grand souvenir dans son histoire ; il est ici représenté par les délégués de son gouvernement et de sa capitale ; il nous apporte des témoignages de sympathie dont nous sommes profondément touchés.

En remerciant le Luxembourg, la municipalité de Prague, dans la personne de leurs représentants, de l'honneur qu'ils nous font et de la preuve d'amitié qu'ils nous donnent, je

____

(1) *Souvenirs d'un Slavophile* (Paris, Hachette, 1905), pp. 275-295.

ne puis pas oublier que la capitale de la France a voulu, elle aussi, être des nôtres dans cette mémorable journée. Dans la souscription internationale que nous avons ouverte pour ce monument, les capitales de la France, de la Bohême et du Luxembourg nous ont apporté à elles seules plus de la moitié des ressources qui nous ont été nécessaires : la patriotique population du Grand-Duché de Luxembourg s'est vivement intéressée à ce monument de Jean l'Aveugle qui est resté si populaire dans ce beau pays.

Au nom du Comité dont j'ai l'honneur d'être le président, au nom de tous ceux qui aiment la France, j'adresse des remerciements chaleureux à nos souscripteurs, à nos hôtes, aux amis d'une œuvre essentiellement patriotique dans laquelle se confondent les souvenirs de trois pays. Merci à vous tous, Messieurs, qui les représentez ici. Honneur à la mémoire de Jean l'Aveugle, roi de Bohême, comte de Luxembourg, de ses vaillants combattants, de nos pères morts pour la défense de la Patrie.

Vive la Bohême ! Vive le Luxembourg ! Vive la France !

On applaudit le discours de l'éminent académicien, qui est unanimement félicité par son entourage.

Mais la pluie va bientôt troubler les derniers instants de la fête, et cependant toute cette foule, qui se presse aux abords de la place, ne s'éloignera pas avant la fin. Par sympathie pour les orateurs, elle écoutera jusqu'au bout leur parole éloquente, empreinte de la poésie du souvenir, et elle confirmera de ses bravos les sentiments exprimés en ces termes par le maire de Crécy, en réponse au discours de M. Leger :

MONSIEUR LE PRÉSIDENT,

Au nom de la Municipalité de Crécy, je prends possession du monument que nous devons à la libéralité des trois nalions qui ont jadis arrosé notre pays de leur sang et qui se trouvent, de nouveau, réunies ici pour fêter un douloureux mais glorieux souvenir. Le bourg de Crécy est fier et reconnaissant de l'honneur qui lui est fait ; il gardera précieusement ce beau monument dont nous remercions tous ceux qui — publicistes, souscripteurs, artistes — ont contribué à embellir notre modeste cité.

Vive la Bohême ! Vive le Luxembourg ! Vive la République française ! Honneur aux Municipalités de Prague, de Luxembourg et de Paris !

M. Vannerus, chargé d'affaires du Luxembourg à Paris, succède à M. Lecomte.

Discours de M. Vannerus.

Messieurs,

C'est avec une émotion sincère que les députations luxembourgeoises assistent à l'inauguration du monument que la France vient d'élever à la mémoire du plus illustre de leurs anciens comtes, qui s'est couvert de gloire sur le champ de bataille de Crécy.

Les historiens nous ont laissé le récit merveilleux de la mort de Jean l'Aveugle. Ils n'ont pas manqué de relever son généreux empressement à accourir au secours de la France envahie par l'ennemi, son refus superbe de prendre la fuite, lorsque le sort de la bataille s'est trouvé compromis, et surtout la chevauchée héroïque dans laquelle il a succombé avec ses compagnons d'armes, qui ont voulu mourir avec lui.

Ce sont des prodiges d'héroïsme, d'honneur et de la fidélité qui, depuis des siècles, font l'admiration de tous.

Le Luxembourg en a conservé le plus vivant souvenir, et Jean l'Aveugle a toujours été le plus populaire de ses princes.

L'hommage que la France vient de rendre à sa mémoire

a vivement ému le pays, et j'ai l'honneur d'exprimer les remerciements du souverain et de la population tout entière à l'Institut de France, qui a conçu le projet du monument, et aux autorités, aux savants, aux patriotes qui en ont assuré l'exécution.

Au nom de son souverain, M. Vannerus remet les insignes de l'ordre Grand-Ducal de la Couronne de chêne à MM. Leger, Lair et J. Lecomte.

M. Srb, maire de Prague, portant au cou le collier d'or, insigne de sa fonction, se lève, et de sa haute stature, domine l'assemblée; une expression de force et de calme se dégage de cette physionomie imposante et tout de suite le public est impressionné malgré lui; le silence s'établit et au milieu de l'attention générale, M. Srb s'exprime ainsi.

Discours de M. le Docteur Srb.

Messieurs, chers alliés d'autrefois, chers amis d'aujourd'hui,

Le président de la délégation de la capitale du royaume de Bohême tient, à son tour, à vous dire quelques mots.

La Bohême est profondément touchée de la pensée délicate que vous avez eue, Messieurs, d'ériger ce beau monument sur la place de la commune de Crécy à la mémoire de Jean de Luxembourg, roi de Bohême, et de ses compagnons d'armes morts pour la France le 26 août 1346.

Notre peuple reste fidèle aux grands souvenirs historiques. On parlera toujours avec émotion, dans nos chaumières ou dans nos palais, de la fin de notre roi Jean, fin qui projette un rayon de gloire sur toute sa vie.

Ce monument n'est pas seulement un souvenir, il est encore un symbole. Sur le champ de Crécy, au moment le plus tragique de la bataille, notre roi Jean, le fondateur de la glorieuse dynastie de Luxembourg sur le trône de Bohême, tomba mort. Sur le même champ de Crécy, au milieu des combattants français, luxembourgeois et tchèques figura le prince héritier Charles, qui devint ensuite notre grand roi. Il fut élevé en France, dans votre Paris. Il y fut pénétré des idées de votre antique civilisation et, de retour à Prague, il fonda une Université d'après le modèle de la vôtre. Il enrichit notre royaume de magnifiques monuments et de maintes œuvres d'art, parmi lesquelles notre cathédrale de Saint-Guy, l'œuvre de Mathias d'Arras, est un joyau brillant. Charles IV, fils adoptif de la France et père de notre patrie tchèque, fit de notre ville la capitale politique et intellectuelle de l'Europe centrale.

Devant ce monument, érigé sur le sol béni de votre généreuse France en l'honneur de notre roi et à la mémoire de ces nobles chevaliers et seigneurs qui sacrifièrent leur vie pour leurs amis et alliés français, permettez-moi d'adresser les remerciements émus de la Ville royale de Prague à tous ceux qui contribuèrent à la réalisation de cet hommage pieux, à ceux qui érigèrent ce monument et qui firent restaurer la vieille Croix de Bohême. Notre municipalité de Prague a tenu à perpétuer ce souvenir de sa reconnaissance en apportant ici quelques médailles, que nous vous prions de garder comme un témoignage durable de nos sentiments. Le Conseil municipal a conféré des médailles d'or de la ville de Prague « Pour le mérite » à l'Institut de France, à M. Louis Léger, de l'Institut, président du comité central ; des médailles d'argent ont été accordées à la Ville de Crécy, avec un diplôme spécial, à M. Jules Lair, de l'Institut, à M. J. Vayson, président du comité d'Abbeville, à M. Amédée Milvoy, architecte, à M. Emmanuel Fontaine, sculpteur, et à M. A. Armand, curé d'Estrées-lès-Crécy.

Devant ce monument des morts qui ont donné de grands

exemples, je conclus en rappelant les beaux vers de votre poète national Victor Hugo :

> Gloire à notre France éternelle,
> Gloire à ceux qui sont morts pour elle !

On applaudit avec enthousiasme et l'on pousse, à nouveau, le cri de « Nazdar ! »

M. Rebeillard, vice-président du Conseil municipal de Paris, prononce ensuite ce discours très goûté.

Discours de M. Rebeillard.

MESSIEURS,

La Ville de Paris a répondu avec empressement à l'appel de la municipalité de Crécy, et c'est de tout cœur qu'elle la remercie de l'avoir conviée à cette fête. Elle a tenu à s'associer au témoignage de reconnaissance donné aujourd'hui au héros de 1346, et l'esprit de solidarité patriotique qui l'unit à toutes les cités de France, dans la commune vibration de sentiments qui nous sont chers, a voulu s'affirmer avec éclat.

Le Conseil municipal de Paris, que j'ai le très grand honneur de représenter, a entendu, en outre, par sa participation à cette commémoration, non seulement rendre hommage à un souverain valeureux, mais encore resserrer les liens qui nous rapprochent de ceux qui, aux siècles lointains, furent des frères d'armes et combattirent sous nos étendards.

Ainsi apparaît dans sa vérité cette cérémonie du souvenir.

Elle est l'évocation du passé. Elle est aussi une espérance pour l'avenir. Elle constitue pour nos grandes cités un gage inaltérable d'amitié.

MESSIEURS,

Des voix autorisées vous ont rappelé la vie de Jean de Luxembourg, roi de Bohême, et je n'ajouterai rien aux récits qu'ils vous en ont tracés. En termes touchants, ils ont dépeint les vertus de ce soldat, qui, au soir de sa vie, s'illustra par sa vaillance, et, d'un tranquille courage, aveugle, sans espoir, se rua à une mort certaine. Ils vous ont dit la grandeur tragique de ce trépas. Ils ont exalté en Jean de Luxembourg les qualités d'une race très haute, l'esprit de sacrifice, la bravoure qui ne connaît pas le péril et l'indomptable audace.

Ce sont là les vertus légendaires de la Bohême, vertus qui suffisent à lui assurer une place d'honneur parmi les peuples, — vertus qui, à une heure sombre de notre histoire nationale, trouvèrent en ce souverain une généreuse incarnation.

D'autres vertus, Messieurs (comment les taire devant les représentants de la ville de Prague et devant ceux de Luxembourg ?) recommandent à notre admiration la noble patrie de Jean Hus.

Nous connaissons le passé glorieux de la Bohême ; nous savons ses efforts, ses luttes héroïques. Nous n'avons pas perdu le souvenir des revendications ardentes qu'inspira à ses enfants l'âpre amour de la liberté. Nous n'oublions pas que l'oppression trouva en eux, dès le lointain des âges, ses plus intrépides adversaires, — la justice et le droit, leurs plus fervents apôtres. Nous nous rappelons avec émotion qu'un puissant idéal éclaira leur marche à travers l'histoire et que, sur ce sol fécond, germèrent les idées de l'avenir.

Liberté, fraternité, humanité, telle fut la trilogie sublime, toujours vivace au cœur du peuple tchèque. Elle est également chère au peuple de France. La même pensée les anime, le même génie les inspire, et la communauté de sentiments, d'aspirations, de rêves a créé entre l'un et l'autre ces liens de fraternelle amitié et d'affectueuse sympathie dont la cérémonie d'aujourd'hui est l'affirmation grandiose.

Puissent ces liens être indissolubles ! Tel est le vœu que je forme au pied de ce monument élevé par la piété d'une cité reconnaissante, et c'est dans l'espérance de le voir se réaliser que j'adresse, au nom de la population de Paris, au nom de la municipalité parisienne, à nos amis de Bohême et du Luxembourg un respectueux et cordial salut.

M. Coache, député d'Abbeville, s'avance à son tour et parle en ces termes.

Allocution de M. Coache.

Messieurs,

Au début de son discours, M. Leger disait : « Les dettes d'honneur sont de celles qui ne se prescrivent jamais. »

J'estime qu'il en est de même des dettes de reconnaissance, et je viens vous demander votre procuration pour acquitter — sans délai, cette fois — la dette que nous avons contractée vis-à-vis de l'éminent président du Comité central de Paris.

Si ce monument — œuvre d'un architecte de talent et d'un statuaire dont Abbeville peut être fière — se dresse sur cette place, imposant dans son artistique simplicité ; si son inauguration a donné lieu à cette solennelle manifestation — où s'évoque un passé lointain douloureux, mais plein de gloire — c'est à M. Louis Leger, à son heureuse initiative, puis à sa persévérance féconde que nous le devons.

Depuis le 25 octobre 1901 — date à laquelle il présenta aux cinq Académies son *Mémoire sur la bataille de Crécy, d'après les récits bohémiens* — M. Leger ne perdit pas de vue, un seul instant, le but auquel tendaient sa pensée et son effort : ériger à Jean de Luxembourg un monument plus grandiose que la Croix de Bohême restaurée !

Pour atteindre ce but patriotique, M. Leger ne ménagea ni

son temps, ni sa peine, ni les démarches, ni les sollicitations, et, quand les premiers souscripteurs se présentèrent, il trouva — dans son très distingué collègue de l'Institut et ami, M. Lair — un trésorier et un collaborateur des plus précieux.

Bientôt, les bonnes nouvelles arrivèrent de la Bohême et du Grand-Duché de Luxembourg : la caisse de M. Lair se remplissait !

Puis, le Conseil municipal de Paris vota son importante subvention, à laquelle la ville de Reims joignit la sienne, tandis que se multipliaient les versements individuels.

Le succès de l'œuvre était désormais assuré ; M. Leger tenait son double succès : la « Croix de Bohême » serait protégée et restaurée, et Jean l'Aveugle aurait enfin son monument, consacrant et perpétuant l'acte héroïque du seul souverain qui, au cours de notre histoire, ait volontairement donné sa vie pour notre Pays.

M. Leger s'est plu à rendre hommage, de sa voix autorisée, à tous ceux qui ont collaboré à la réussite de ses projets. J'ai pensé qu'il y aurait eu une suprême injustice à laisser dans l'ombre aujourd'hui le rôle prépondérant qu'il a lui-même si vaillamment et si généreusement rempli.

Le nom du savant académicien est désormais inséparable de l'hommage rendu au vieux Roi, ami de la France et mort pour elle, — de la visite des représentants des deux nobles peuples venus ici sceller, de nouveau, au pied du monument de Crécy, l'alliance morale, cordiale et fraternelle de la Bohême, du Luxembourg et de la France reconnaissante.

TABLE DES MATIÈRES

2052. — Tours, imprimerie E. Arrault et Cie.